山西省哲学社会科学项目（022120230011）

山西师范大学学科（经济学）建设专项（010320230001）

山西师范大学人文社科基金（022820230002）

山西师范大学人文社科基金（产学研）（022820230006）

光明社科文库
GUANGMING DAILY PRESS:
A SOCIAL SCIENCE SERIES

·经济与管理书系·

人口老龄化背景下人力资本与技术进步的研究

王瑞瑜 | 著

光明日报出版社

图书在版编目（CIP）数据

人口老龄化背景下人力资本与技术进步的研究 / 王瑞瑜著. -- 北京：光明日报出版社，2023.12
ISBN 978-7-5194-7655-7

Ⅰ.①人… Ⅱ.①王… Ⅲ.①人口老龄化—人力资源—影响—中国经济—经济发展—研究 Ⅳ.①F124

中国国家版本馆 CIP 数据核字（2023）第 250112 号

人口老龄化背景下人力资本与技术进步的研究
RENKOU LAOLINGHUA BEIJING XIA RENLI ZIBEN YU JISHU JINBU DE YANJIU

著　　者：王瑞瑜	
责任编辑：李壬杰	责任校对：李　倩　董小花
封面设计：中联华文	责任印制：曹　净

出版发行：光明日报出版社
地　　址：北京市西城区永安路 106 号，100050
电　　话：010-63169890（咨询），010-63131930（邮购）
传　　真：010-63131930
网　　址：http://book.gmw.cn
E - mail：gmrbcbs@gmw.cn
法律顾问：北京市兰台律师事务所龚柳方律师
印　　刷：三河市华东印刷有限公司
装　　订：三河市华东印刷有限公司
本书如有破损、缺页、装订错误，请与本社联系调换，电话：010-63131930
开　　本：170mm×240mm
字　　数：187 千字　　　　　　印　张：14
版　　次：2024 年 3 月第 1 版　　印　次：2024 年 3 月第 1 次印刷
书　　号：ISBN 978-7-5194-7655-7
定　　价：89.00 元

版权所有　　翻印必究

前　言

人口老龄化、人力资本和技术进步是我国经济可持续发展的重要课题。根据联合国对人口老龄化的界定，我国在2000年就已经进入了人口老龄化社会。研究表明，人口老龄化会影响我国的经济增长模式。数据显示，2021年我国劳动年龄人口绝对数量比2020年减少345万，占全国人口比重下降0.36%。人口老龄化带来的人口数量红利减退、劳动力成本攀升，都将导致我国依靠要素驱动的传统数量型经济增长模式难以持续。并且，目前我国仍处于供给侧结构性改革的经济新常态下，将传统的要素驱动型增长模式转换为技术推动型增长方式是经济高质量发展的关键。毋庸置疑，人力资本是推动技术进步的核心要素。在实际生产过程中，人力资本所产生的"内在效应"和"外在效应"是促进新技术产生、扩散和应用的关键。在人口老龄化导致劳动力绝对数量减少的背景下，更需要充分发挥人力资本的红利效应，实现劳动力质量对数量的替换，以推动技术进步，促进经济高质量发展。

有鉴于此，在我国人口老龄化形势愈加严峻和经济增长驱动力亟须转换的双重挑战时期，系统分析和厘清人口老龄化通过人力资本作用于技术进步的中间传导机制，有助于在人口老龄化背景下，探索出人力资本红利替代人口数量红利进而推动技术进步的可能性以及实现路径。本研究有助于国家和政府在实践层面趋利避害地制定政策，做好宏观调控，以期在人口老龄化趋势下，充分激发人力资本对技术进步的推动作用，促进我国经济增长驱动力的顺利转换，实现经济高质量发展。因而本研究具有重要的理论和现实意义。

本书遵照"从宏观现象出发—分析理论机制和构建数理模型—建立计量模型实证检验—针对得出的结论提出建议"的思路，采用理论分析和实证检验相结合的方法研究了人口老龄化作用于人力资本进而影响技术进步的内在机制和具体效应。具体地，首先，本书梳理了人口老龄化、人力资本与技术进步的相关文献，从理论和技术上寻求借鉴并挖掘本书的研究问题。其次，本书考察了我国人口老龄化现状和技术进步现状的联系，一方面，通过大量数据观察了我国人口结构转变的过程，并对我国人口老龄化现状进行了详细描述，了解了目前我国人口老龄化程度和特征；另一方面，本书从三个方面选取衡量技术进步的指标，并结合所研究问题的样本期估算了我国2003—2017年的全要素生产率，定量描述了我国技术进步现状。再次，本书从理论角度分析了人口老龄化影响人力资本进而作用于技术进步的内在机制，然后在世代交叠模型（OLG模型）和索洛模型的基础上，引入人力资本，构建了人口老龄化、人力资本和技术进步的数理模型。通过理论分析和模型构建为下文奠定了理论和模型基础。最后，本书采用我国2003—2017年省份面板数据运用固定效应模型、中介效应模型、门槛效应模型和动态面板模型（GMM模型）实证检验人口老龄化对人力资本和技术进步的具体效应和中间传导机制，并结合我国的大国经济特征，讨论了人口老龄化对技术进步的区域异质性影响。

通过研究得出如下主要结论：一是人口老龄化对技术进步的影响并不单一。人口老龄化程度加深会挤出科研投入，进而对科研成果转化产生负面影响，但人口老龄化对全要素生产率的影响为正。二是人口老龄化通过人力资本影响技术进步的中间作用机制是存在的。人口老龄化会带来劳动力数量减少、人口数量红利减退的问题，人力资本收益会随之提高，这会促使国家和个人增加人力资本投资，从而提高人力资本水平，人力资本在生产中发挥的"内在效应"和"外在效应"会推动技术进步。三是当人力资本作为门槛变量时，人口老龄化对技术进步的影响呈现非线性特征。人力资本水平越高，人口老龄化对技术进步的正向作用越大。四是人口老龄化对科研投入和科研成果的消极效应随时间推移逐渐减弱。从长期来看，人口老龄化对全要素生产率的正向影响也较短期有所降低。五是人口老龄化对技术进步的影响具有区域异质性特征。人口老龄化对科研投入、科研成果转化的负向影响在欠发达地区更为明显，而人口老龄化对全要素生产率的正向影响则在发达地区更加突出。综上，本书建议在人口老龄化形势下，增加人力资本投资，提高人力资本水平，充分激发人力资本对技术进步的促进作用，从而实现我国经济的高质量发展。

本书在已有研究基础上做了拓展和创新：

第一，大多数相关选题的文献是从宏观或微观某一角度研究问题，本书采用了宏观与微观相结合的方式使研究系统化，加深了选题研究深度。目前有关人口老龄化对人力资本影响的文献由于选取样本和采用方法不同，得出的结论也并不一致，甚至大相径庭。进一步地，人口老龄化对技术进步的影响究竟是正向还是负向仍然存在争议。虽然现有文献对人口老龄化作用于技术进步的影响已做了一些理论和实证的分析，但是对于人口老龄化通过人力资本进而影响技术进步的理论机制分析还不够系统和完善。本研究在已有文献的基础上，从宏观和微观两个层面系统全面地分析人口老龄化对技术进步的内在作用机制，为下文奠定理论基础。

第二，已有文献主要采用理论分析和实证检验的方法研究人口老龄化对技术进步的影响，对相关数理模型构建和推演的研究较为缺乏。一方面，结合已有文献可知，柯布道格拉斯生产函数和索洛经济增长模型是涉及劳动力和技术进步的常用理论模型。在这两个模型中，均没有对劳动力和技术进步的关系进行具体阐释。另一方面，世代交叠模型（OLG 模型）假设整个经济社会包括具有生产能力的青年人和不具有生产能力的老年人，由于该模型涉及两代人，因此可以延伸用于推导人口老龄化的相关问题。综上，已有文献鲜有关于人口老龄化对技术进步影响的数理模型。有鉴于此，本研究在索洛模型和世代交叠模型（OLG 模型）的基础上，把技术进步的核心要素——人力资本引入模型，综合构建出人口老龄化通过人力资本作用于技术进步的数理模型，为下文的实证研究做出数理模型的基础。

第三，已有文献在衡量技术进步时往往只采用单一指标，并且绝大多数文献采用全要素生产率衡量技术进步。然而，采用单一指标衡量技术进步并不能反映技术进步的完整情况。不同于以往文献，本书在衡量技术进步时选取 R&D 人员投入和 R&D 内部经费支出、有效专利数量和全要素生产率四个指标，拟从科研投入、科研成果转化和科技对经济增长的贡献三个方面较为全面系统地说明人口老龄化对技术进步整个过程的综合影响。

目 录
CONTENTS

第一章 引言 ·· 1

 第一节 研究背景和意义 ································· 1

  一、研究背景 ·· 1

  二、研究意义 ·· 3

 第二节 研究思路与方法 ································· 5

  一、研究思路 ·· 5

  二、研究方法 ·· 7

 第三节 研究目标和关键问题 ·························· 8

  一、研究目标 ·· 8

  二、拟解决的关键问题 ································ 8

 第四节 研究内容和技术路线 ·························· 8

  一、主要研究内容 ······································ 8

  二、技术路线 ··· 10

 第五节 研究的创新点 ··································· 11

第二章 理论基础与文献综述 ··························· 14

 第一节 相关概念界定 ··································· 14

一、人口老龄化 …………………………………………………… 14
　　二、人力资本 ……………………………………………………… 15
　　三、技术进步相关指标 …………………………………………… 17
　第二节　人口老龄化、人力资本与技术进步的相关理论 ………… 19
　　一、人口年龄结构转变理论 ……………………………………… 19
　　二、人力资本相关基础理论 ……………………………………… 21
　　三、技术进步的衡量与测算 ……………………………………… 24
　第三节　人口老龄化对人力资本与技术进步影响的相关
　　　　　文献综述 ……………………………………………………… 30
　　一、人口老龄化对人力资本影响的文献综述 …………………… 30
　　二、人力资本对技术进步影响的文献综述 ……………………… 36
　　三、人口老龄化通过人力资本作用于技术进步的相关文献 …… 38
　　四、文献述评 ……………………………………………………… 45

第三章　人口老龄化与技术进步的现状特征和变化趋势 ………… **49**
　第一节　人口老龄化成因、现状与趋势分析 ……………………… 49
　　一、我国人口老龄化历史成因 …………………………………… 50
　　二、我国人口老龄化现状特征与趋势 …………………………… 52
　第二节　我国研发投入与科技成果转化现状分析 ………………… 57
　　一、全国与各地区研发投入现状描述与分析 …………………… 57
　　二、我国科技成果转化现状分析 ………………………………… 65
　第三节　我国全要素生产率的估算与分析 ………………………… 67
　　一、指标说明与资料来源 ………………………………………… 68
　　二、我国全要素生产率主要估算结果与相关分析 ……………… 71

第四章 理论机制与模型构建 ························ 78
第一节 人口老龄化通过人力资本影响技术进步的内在机制 ····· 78
一、人口老龄化对劳动力供给的综合影响 ················ 79
二、人口老龄化对人力资本的作用机制 ·················· 84
三、劳动力供给对技术进步的综合影响 ·················· 87
四、人力资本影响技术进步的内在机制 ·················· 89
五、人口老龄化通过人力资本作用于技术进步的系统性分析 ··· 94
第二节 人口老龄化通过人力资本作用于技术进步数理
模型构建 ·· 98
一、数理模型的基本假定 ···························· 99
二、数理模型的构建 ································ 99
三、数理模型的综合分析 ··························· 103

第五章 计量模型构建与实证研究 ························ 106
第一节 人口老龄化对劳动力供给总效应的实证研究 ········ 106
一、模型设定与变量说明 ··························· 106
二、实证检验结果与分析 ··························· 108
第二节 人口老龄化对技术进步总体影响的实证研究 ········ 111
一、模型设定与变量说明 ··························· 111
二、实证检验结果与分析 ··························· 113
三、稳健性检验 ··································· 117
第三节 中间传导机制检验 ······························ 120
一、模型设计与变量说明 ··························· 120
二、实证检验结果与分析 ··························· 121
第四节 门槛效应检验 ································· 125

3

一、模型设定与相关说明 ·· 126
　　二、实证检验结果与分析 ·· 126

第六章　进一步分析：动态效应和区域异质性分析 ·············· **131**
　第一节　动态效应研究 ·· 131
　　一、模型设定与变量说明 ·· 132
　　二、实证检验结果与分析 ·· 134
　第二节　区域异质性分析 ·· 138
　　一、人口老龄化对科研投入影响的区域异质性检验 ··············· 138
　　二、人口老龄化对科技成果转化影响的区域异质性检验 ········· 148
　　三、人口老龄化对全要素生产率影响的区域异质性检验 ········· 152

第七章　研究结论与政策建议 ··· **158**
　第一节　主要结论 ·· 158
　第二节　政策建议 ·· 161
　第三节　本书的不足之处与需要进一步研究的问题 ················ 164

附录 ·· **166**

参考文献 ··· **189**

第一章

引　言

自 2000 年我国进入人口老龄化社会以来，老龄人口迅速增加。目前，我国老龄人口数量之多和增速之快都居于世界前列。2021 年，我国 65 周岁以上老龄人口数量已超过 2 亿，老年抚养比高达 20.8%。2022 年我国人口首次出现负增长①。2014 年以来，我国经济由高速增长转换为中高速增长，进入了供给侧结构性改革的"新常态"。我国经济增长已不能再依赖劳动力要素驱动，而需激发技术对经济增长的推动作用。人力资本是技术进步的核心要素。在人口老龄化形势愈加严峻和经济驱动力亟须转换的背景下，深入分析人口老龄化通过人力资本对技术进步的传导机制和具体效应显得尤为紧迫和重要。

第一节　研究背景和意义

一、研究背景

目前，世界上大部分国家已进入人口老龄化社会，全球老龄人口数量和所占比例都在持续上升，联合国经济和社会事务部 2022 年发布的

---

① 数据来源：《中国统计年鉴》。

《世界人口展望》预测，到2080年，全世界老龄人口数将达到104亿的峰值，并在2100年之前保持这一水平[①]。不同国家人口老龄化起始时间和发展速度不同，一般而言，发达国家人口老龄化开始较早，老龄人口数量增速较慢；而发展中国家普遍人口老龄化开始较晚，老龄人口数量增速较快。有鉴于此，人口老龄化已经成为全世界各国发展的共同趋势和普遍面临的严峻挑战。

根据联合国对人口老龄化的界定，我国在2000年就已进入人口老龄化社会。自从我国进入人口老龄化社会后，人口老龄化程度以年均0.2%的速度在增长。目前，我国已经成为世界老龄人口最多的国家。2021年，我国65周岁以上老龄人口数量已超过2亿，老年抚养比高达20.8%，2022年我国人口首次出现负增长。如此大规模和快速的人口老龄化给我国带来了广泛而深远的影响。其中，最直接的影响就是劳动力数量减少。2011年我国15~64岁劳动年龄人口占比为74.4%，是自2002年以来劳动年龄人口所占比重的首次下降[②]。2021年我国劳动年龄人口绝对数量比上年减少345万，比重下降0.36%[③]。改革开放以来，我国凭借劳动力优势，依托劳动力密集型产业，在全球生产分工中占据低端制造工厂的地位，创造了经济持续高速增长的奇迹。然而，人口老龄化带来的人口数量红利减退、劳动力成本攀升，将导致我国依赖要素驱动的传统数量型经济增长模式难以持续。此外，一般而言，随着人口老龄化程度的不断加深，高龄劳动力所占比重随之上升，整体劳动力结构老化，生产效率也会随之受到影响。

毋庸置疑，我国经济持续十几年高速增长，创下了世界经济增长的奇迹。然而，自2014年以来，我国经济增速放缓，进入了结构性调整

---

① 数据来源：《世界人口展望》，联合国经济与社会事务部2022年。
② 数据来源：2002—2011年《中国统计年鉴》。
③ 数据来源：2022年《中国统计年鉴》。

的新常态。党的十九大报告指出,"中国经济已由高速增长阶段转向高质量发展阶段,正处在转变发展方式、优化经济结构、转换增长动力的公关期"。由此可见,实现经济高质量发展重要的是重构经济增长的动力机制,换言之,将传统的要素驱动型增长模式转换为技术推动型增长方式成为我国经济高质量发展的关键。有鉴于此,推动技术进步、提高技术对经济增长的贡献率是我国目前面临的重大任务和艰巨挑战。

在我国面临人口老龄化形势愈加严峻和经济增长驱动力亟须转换的双重挑战背景下,人口老龄化对技术进步的作用机制和具体影响值得深入探讨。人口老龄化通过中间传导机制作用于技术进步。毋庸置疑,人力资本是推动技术进步的核心要素,简言之,人力资本是劳动力具有的知识、经验和技能等综合素质的体现,在生产过程中,人力资本所产生的"内在效应"和"外在效应"是促进新技术产生、扩散和应用的关键。目前,随着人口受教育年限的延长以及接受教育和培训机会的增多,我国人力资本水平在逐渐提高。与此同时,人口老龄化作为人口结构转变的结果,势必会对人力资本产生影响,且人口老龄化对人力资本的影响较为复杂。人口老龄化程度加深,一方面,劳动力数量减少使得人力资本的预期收益提高,有助于激励个体和国家增加人力资本投资,促进人力资本积累;另一方面,老年抚养比的上升不仅加重了家庭的养老负担,也使国家社保支出增加,这在一定程度上对教育投资形成挤出效应,可能对私人和公共人力资本积累产生消极影响。总之,人口老龄化对人力资本的具体影响有待深入研究。系统分析和厘清人口老龄化影响人力资本进而作用于技术进步的中间传导机制,有助于在人口老龄化背景下,探索出人力资本红利替代人口数量红利进而促进技术进步的可能性和实现路径。

二、研究意义

目前我国正面临人口老龄化和经济增长动力转换这两大挑战,在此背景下，深入分析人口老龄化影响人力资本进而对技术进步产生的影响具有理论和现实的意义，在实践层面也有助于国家趋利避害地做好宏观政策设计。

（一）理论意义

目前，关于人口老龄化对技术进步影响的数理模型较为缺乏。一方面，结合已有文献可知，柯布道格拉斯生产函数和索洛经济增长模型是涉及劳动力和技术进步的常用理论模型。在柯布道格拉斯生产函数中，劳动力、资本和技术都是产出的投入要素，并且在此模型中技术是外生给定的。在索洛经济增长模型中，经济增长被看作是劳动力、资本和技术进步共同推动的，相应地，可以推导出劳动力、资本和技术对经济增长的贡献。这两个模型均没有对劳动力和技术进步的关系进行具体阐释。另一方面，世代交叠模型（OLG模型）假设个人生命分为两期：年轻时期和老年时期，即整个经济社会包括具有生产能力的青年人和不具有生产能力的老年人，该模型可以用于研究实现社会福利最大化的青年人和老年人的消费路径。由于该模型涉及两代人，因此可以延伸用于推导人口老龄化的相关问题。有鉴于此，本研究在系统全面梳理人口老龄化通过人力资本作用于技术进步理论机制的基础上，将索洛模型和世代交叠模型（OLG模型）相结合，并把技术进步的核心要素——人力资本引入模型，综合构建人口老龄化、人力资本和技术进步的数理模型，为下文的实证研究做出理论机制和数理模型的理论基础铺垫。本研究系统全面梳理和分析人口老龄化通过人力资本作用于技术进步的理论机制，对已有的理论分析进行了整合和完善；并且，本研究所构建的数理模型是对已有理论模型的应用和拓展，因此，本研究具有一定的理论意义。

（二）现实意义

在人口老龄化形势愈加严峻和我国经济增长方式亟须转换为技术驱

动的双重挑战时期,深入分析人口老龄化对技术进步的影响和作用机制具有现实意义。人力资本是推动技术进步的核心要素,系统分析和厘清人口老龄化影响人力资本进而作用于技术进步的中间传导机制,有助于在人口老龄化背景下,探索出人力资本红利替代人口数量红利进而促进技术进步的可能性和实现路径。已有文献关于人口老龄化对人力资本以及人口老龄化对技术进步影响的研究仍未达成一致的结论。本研究在进行理论分析、构建数理模型推演以及实证研究检验后发现,从总体上看,人口老龄化对人力资本积累有正向作用,虽然人口老龄化程度加深导致养老负担增加对研发投入形成了挤出效应,但是人口老龄化对全要素生产率的总效应为正。有鉴于此,本研究的结论有助于国家和政府在实践层面趋利避害地制定顶层政策设计,做好宏观调控,以期在人口老龄化不可逆转的趋势下,充分激发人力资本的红利效应,推动技术进步,进而促进经济增长动力的顺利转换,实现我国经济高质量发展。综上,本研究具有现实意义。

第二节 研究思路与方法

一、研究思路

本书遵照"从宏观现象出发—分析理论机制和构建数理模型—建立计量模型实证检验—针对得出的结论提出建议"的思路,研究人口老龄化通过作用于人力资本影响技术进步的传导机制和具体效应。本书首先梳理了人口老龄化、人力资本以及技术进步的相关文献,并对有关概念进行了界定,从理论和技术上寻求了借鉴并挖掘了本书的研究问题;其次,考察了我国人口老龄化现状和技术进步现状的宏观联系,并从理论和实证上证明了人口老龄化通过人力资本作用于技术进步的内在机制和具体效应；最后，结合研究结论，提出了在人口老龄化不可逆转的形势下，应更加重视人力资本投资，充分激发人力资本对技术进步的推动作用，进而实现我国经济高质量发展的建议。具体如下：

一是描述我国人口老龄化现状。为观察目前我国人口老龄化的严重程度，本书首先从历史角度出发，通过观察大量数据分析我国人口结构转变的过程，这有助于厘清我国人口老龄化形势严峻的成因；其次对我国人口老龄化现状进行描述，从而了解我国人口老龄化程度及其呈现的特征；最后结合最新的统计数据与资料对我国人口老龄化趋势进行描述和分析。

二是描述我国目前技术进步情况。在衡量技术进步时，本书拟从科研投入（包括 R&D 经费内部支出和 R&D 人员投入）、科技成果转化（有效专利数量）和技术对经济增长的贡献（全要素生产率）三方面系统地进行定量描述。其中，R&D 经费内部支出和 R&D 人员投入以及有效专利数量的数据较易获得，全要素生产率的估算是本书的难点之一。在已有的文献中，关于我国全要素生产率的估算方法有很多，需要从这些方法中选取适合本书研究问题的方法进行估算。同时，由于本书旨在研究人口老龄化通过作用于人力资本进而影响技术进步的内在机制和具体效应，因而在实证检验过程中需要考虑人口老龄化形势开始严峻的时间起点，从而在实际操作过程中结合全书所研究问题的样本期估算我国的全要素生产率。

三是从理论角度分析人口老龄化作用于技术进步的内在机制并构建数理模型对本书所研究的问题进行推演。本书拟将宏观和微观相结合系统和全面地分析人口老龄化通过人力资本影响技术进步的内在传导机制。在索洛模型和世代交叠模型（OLG 模型）的基础上，进一步引入人力资本，构建人口老龄化、人力资本和技术进步的数理模型，为下文的实证研究做出理论机制和数理模型的理论基础铺垫。

四是在理论分析和构建数理模型的基础上建立计量模型进行实证检验。首先，本书运用固定效应模型、中介效应模型、门槛回归模型来检验人口老龄化对人力资本、技术进步的直接影响和人口老龄化对技术进步影响的中间作用机制以及人口老龄化对技术进步的非线性影响；其次，进一步地，随着人口老龄化程度加深，以及人力资本水平提高和技术不断进步，人口老龄化对技术进步的影响可能呈现动态特征，本书选取动态面板模型（GMM 模型）进行实证检验；最后，由于我国地域辽阔，存在明显的大国经济特征，不同地区人口老龄化、人力资本和技术进步情况差异较大，因而本书检验了人口老龄化对技术进步的区域异质性影响。

二、研究方法

本书主要采用理论分析、构建数理模型和实证检验相结合的方法。首先在定量描述人口老龄化和技术进步现状的基础上，从理论角度分析了人口老龄化作用于人力资本进而影响技术进步的内在传导机制；其次在世代交叠模型（OLG 模型）和索洛模型的基础上，将人力资本引入模型，构建了人口老龄化、人力资本和技术进步的数理模型；最后运用固定效应模型、中介效应模型、门槛效应模型和动态面板模型实证检验了人口老龄化通过人力资本影响技术进步的具体效应和作用机制，并结合我国大国经济特征，进一步讨论了人口老龄化对技术进步的区域异质性影响。

此外，作为本书技术进步衡量指标之一的全要素生产率，并没有直接可得的数据，需要采用目前学界较为常用的方法进行估算。考虑本书的研究问题和关键变量（人口老龄化）的样本期，本书采用索洛余值法估算全要素生产率，为下文建立计量模型进行实证研究做前期准备。

第三节　研究目标和关键问题

一、研究目标

本书旨在从描述宏观现象出发，分析人口老龄化与技术进步的联系。首先从理论角度研究人口老龄化通过影响人力资本作用于技术进步的内在机制；其次构建数理模型推导人口老龄化通过人力资本对技术进步的影响；最后建立计量模型检验人口老龄化通过人力资本影响技术进步的中间传导机制和具体效应。

二、拟解决的关键问题

本书拟解决的关键问题有：一是选用合适的方法，综合考虑本书研究问题的样本期，估算衡量技术进步的指标之一——全要素生产率；二是在世代交叠模型（OLG 模型）和索洛模型的基础上，将人力资本引入模型中，构建人口老龄化、人力资本和技术进步的数理模型；三是选用合适的计量模型对本书研究问题进行实证检验。

第四节　研究内容和技术路线

一、主要研究内容

根据以上研究思路，本书对所研究的问题进行了理论和实证分析，内容如下：

第一章，引言。阐述研究背景与意义、研究思路与方法、创新性。

第二章，理论基础与文献综述。对人口老龄化、人力资本和技术进步进行概念界定，并梳理相关理论，进而在梳理国内外人口老龄化、人力资本和技术进步相关文献的基础上，进行具体分类综述，并对现有研究进行述评。

第三章，人口老龄化与技术进步的现状特征和变化趋势。本章对人口老龄化和技术进步现状进行定量描述，并对技术进步的衡量指标之一——全要素生产率进行估算，初步明确人口老龄化与技术进步之间的关联。

第四章，理论机制与模型构建。人口老龄化并非直接影响技术进步，而是通过中间机制作用于技术进步。本章从理论角度梳理人口老龄化通过人力资本影响技术进步的内在传导机制，并且引入人力资本，构建人口老龄化、人力资本对技术进步的数理模型。为下文的研究奠定理论和模型基础。

第五章，计量模型构建与实证研究。本章主要采用固定效应模型、中介效应模型、门槛效应模型和动态面板模型（CMM模型）检验人口老龄化对人力资本和技术进步的直接效应、中间作用机制和非线性影响。

第六章，进一步分析：动态影响和区域异质性分析。由于人口老龄化程度、人力资本水平和技术水平都随着时间而变化，相应地，人口老龄化对技术进步的影响也呈现动态特征。本章采用动态面板模型（GMM模型）实证检验人口老龄化对技术进步的动态效应。同时，由于我国不同地区人口老龄化程度、人力资本水平和技术禀赋不同，人口老龄化对技术进步的影响也存在区域异质性，因而在本章中也检验了人口老龄化对技术进步的区域异质性影响。

第七章，研究结论与政策建议。总结和概括本书的基本结论，提出了在人口老龄化形势严峻的背景下，加大人力资本，促进技术进步的对策建议。

二、技术路线

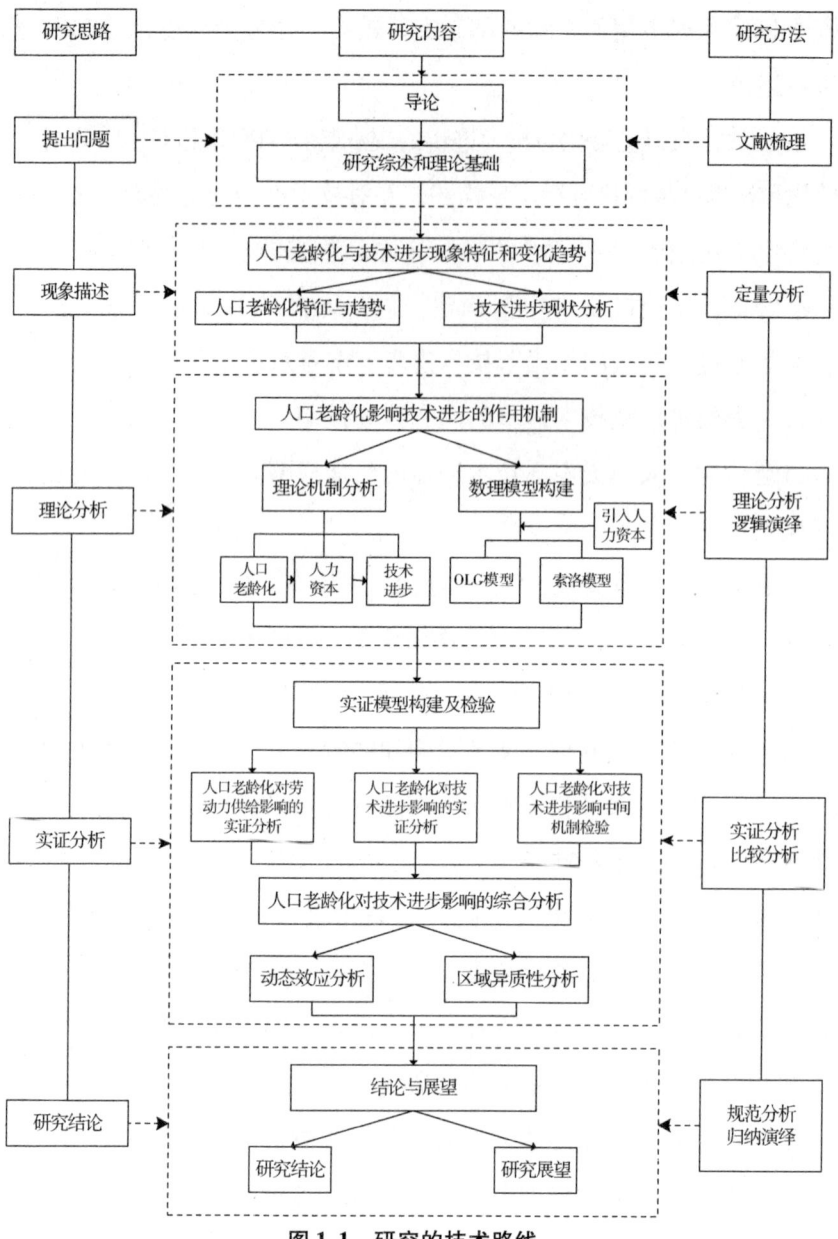

图1.1 研究的技术路线

第五节 研究的创新点

本书在已有研究基础上做了拓展和创新：

第一，大多数相关选题的文献是从宏观或微观某一角度研究问题，本书采用微观和宏观相结合的方式使研究系统化，增加了选题研究深度。已有文献运用不同方法从不同角度和层面分析了人口老龄化通过人力资本影响技术进步的内在机制。毋庸置疑的是，人口老龄化会带来劳动年龄人口数量的减少，并且在现实中已经出现这一现象和趋势，与此同时，随着人口老龄化程度加深，高龄劳动力所占比例上升，导致劳动力结构老化等。人口老龄化对劳动力供给产生的这些方面的负面影响已成为共识。然而，由于目前关于人口老龄化对人力资本的影响的文献选取样本和采用的方法不同，得出的结论并不一致，甚至大相径庭。众所周知，人力资本是推动技术进步的核心要素，它所具有的"内在效应"和"外在效应"推动技术的创新、扩散和应用。有鉴于此，综合上述已有的研究结论和关于人口老龄化对技术进步影响的文献可知，对于人口老龄化对技术进步的影响究竟是正向还是负向仍然存在争议。综上所述，虽然已有文献关于人口老龄化对技术进步的影响已做了一些理论和实证的分析，但是对于人口老龄化作用于人力资本进而影响技术进步的理论机制分析还不够系统和完善。本研究在已有文献的基础上，以微观和宏观相结合的方式系统全面地分析人口老龄化通过人力资本作用于技术进步的理论机制。首先，从私人和公共人力资本投资角度出发，较为全面地分析人口老龄化对人力资本积累的作用机制；其次，综合已有文献和理论模型，从人力资本的内在"知识效应"和外在"溢出效应"

角度，具体分析人力资本作用于技术进步的内在机制和途径；最后，从个体、企业和国家层面，系统和全面地分析人口老龄化通过人力资本作用于技术进步的理论机制。对本书研究问题进行具体的理论机制分析，可以为下文的实证研究奠定理论基础。

第二，已有的人口老龄化对技术进步影响的文献主要采用理论分析和实证检验的方法进行论证，相关的数理模型构建和推演的研究较为缺乏。从理论角度看，人口老龄化通过中间机制对技术进步产生影响。其一，结合已有文献可知，柯布道格拉斯生产函数和索洛经济增长模型是涉及劳动力和技术进步的常用理论模型。在柯布道格拉斯生产函数中，劳动力、资本和技术都是产出的投入要素，并且在此模型中技术是外生给定的；在索洛经济增长模型中，经济增长可以看作劳动力、资本和技术进步共同推动的，相应地，可以分析出劳动力、资本和技术进步对经济增长的贡献。两个模型均没有对劳动力和技术进步的关系进行具体阐释。其二，世代交叠模型（OLG模型）假设个人生命分为两期：年轻时期和老年时期，整个经济社会包括具有生产能力的青年人和不具有生产能力的老年人，该模型可以用于研究实现社会福利最大化的青年人和老年人的消费路径。由于该模型涉及两代人，因此可以延伸用于推导人口老龄化的相关问题。已有文献鲜有关于人口老龄化对技术进步影响的数理模型构建。有鉴于此，本研究在系统全面梳理人口老龄化通过人力资本作用于技术进步理论机制的基础上，将索洛模型和世代交叠模型（OLG模型）相结合，并把技术进步的核心要素——人力资本引入模型，综合构建出人口老龄化、人力资本和技术进步的数理模型，为下文的实证研究奠定微观数理模型的理论基础。

第三，已有文献在衡量技术进步时往往只采用单一指标，并且绝大多数文献采用全要素生产率衡量技术进步。然而，采用单一指标衡量技术进步并不能反映技术进步的完整情况。例如，如果用全要素生产率作为技术进步的代理变量，实证检验后得出人口老龄化对全要素生产率影响为正，据此简单得出人口老龄化促进技术进步是较为片面的。因为从实际经济生活出发，人口老龄化程度加深会导致社保支出增加从而对研发投入形成挤出效应，采用单一全要素生产率指标衡量就会忽略人口老龄化对技术进步的这方面影响。不同于以往文献，本书在衡量技术进步时不选取单一指标，而是采用R&D（研究与试验发展）人员投入和R&D内部经费支出、有效专利数量和全要素生产率，拟从科技投入、科技成果转化和科技对经济增长的贡献三个方面较为全面系统地说明人口老龄化通过人力资本进而作用于技术进步的整个过程的综合影响。

第二章

理论基础与文献综述

人口和技术进步作为经济发展的核心和关键因素,一直以来都受到学术界的关注。合理的人口结构有利于促进经济增长,科学技术则有助于经济持续增长。在年轻的人口结构下,劳动力要素供给充足,研究的侧重点在于劳动力和技术对经济增长的贡献上。然而,随着很多地区开始出现出生率和死亡率下降的趋势,各界逐渐意识到人口老龄化将成为各国在今后经济发展中所面临的人口结构常态,学术研究也逐渐转向人口老龄化可能带来的影响上,包括人口老龄化对劳动力供给(包括人力资本)的影响等,有文献已经关注到人口老龄化对技术进步的影响。由于现有文献从不同角度运用不同方法分析和探究人口老龄化对劳动力供给(包括人力资本)和技术进步的影响,所得结论存在差异。本章在对相关概念进行界定的基础上,综述了有关人口老龄化、人力资本和技术进步的文献研究成果,旨在在已有研究的基础上挖掘本书的研究问题,并为本书的研究问题做出理论铺垫。

第一节 相关概念界定

一、人口老龄化

联合国人口司制定的国家进入人口老龄化社会的标准为:一个国家

65岁以上人口比重超过7%，或者60岁以上人口比重超过10%。本书按照联合国人口司制定的人口老龄化标准，即一个国家65岁以上人口比重超过7%时标志着这个国家进入人口老龄化社会，判断我国在2000年就已步入人口老龄化社会。

二、人力资本

人力资本的概念最早可以追溯到瓦尔拉斯（1874）的《纯粹经济学要义》，但在这篇文章中还未赋予人力资本丰富的含义。可以将瓦尔拉斯所提到的人力资本理解为人力，并且他认为人力资本产生的是个人收入和人力服务，从这一角度讲相当于劳动。在瓦尔拉斯看来，人力资本、人力以及劳动是完全等同的。因此，虽然瓦尔拉斯最早提到人力资本这一概念，但此时的人力资本并不具有现代人力资本概念的含义。费雪（1906）在《资本和收入的性质》中首次提到与现代人力资本相近的概念。他将人力资本纳入资本范畴，认为存在于某一时点的财富量即是资本，通过对资本的预期和贴现来计算人力资本价值。但费雪提出的人力资本并没有受到太多的关注。沃尔什（1935）在《人力资本观》中对人力资本概念做出进一步的界定。他将人力资本和物质资本进行对比，指出人力资本是一种非物质资本，是劳动者身上体现出来的知识、技能等能力，并且他通过教育投资和收入来计算人力资本的投资收益。直到1960年美国经济学家舒尔茨在进行"人力资本投资"的演说后，人力资本的概念才真正进入主流。舒尔茨认为人力资本首先体现在人的身上，具体表现为人的知识、技能、经验和技术熟练程度等，概括为人的能力和素质。1964年美国经济学家贝克尔明确定义了人力资本概念，他认为对于人力资本的投资包含很多方面，有教育支出、保健支出、劳动力国内流动的支出和移民支付的费用等。在贝克尔之后，又有阿罗、布劳等人基于相关研究丰富了人力资本的内涵。

　　国内一些学者也不断完善和丰富了人力资本的内涵。李建民（1999）认为人力资本具有生产功能、效率功能与要素功能，正是因为人力资本的这些功能，人力资本投入才有效地促进了经济的增长。孔宪香（2009）认为创新活动的主体是创新型人力资本。根据人力资本在创新活动中的地位和作用，孔宪香将其分成五类，并对这五类人力资本进行了概念界定，分别是企业家人力资本、研发型人力资本、技能型人力资本、管理型人力资本与营销型人力资本。同时他指出，一项完整的创新活动需要这五类人力资本共同参与和合作。徐鸣（2010）认为人力资本兼具异质性价值和边际收益递增价值，可以划分为心理资本、心智资本、健康资本、知识资本、技能资本与道德资本。他认为企业只有认清人力资本的构成要素，才能够制定恰当的激励员工的机制，从而充分激发员工的人力资本潜能。

　　目前人力资本的概念已无太大争议，我国的人力资本概念虽在不断延伸和丰富，但基本沿用了舒尔茨、贝克尔等人的观点。本书借鉴已有文献对人力资本进行了定义，认为人力资本是指存在于劳动力体内的具有经济价值的一种资本，包括劳动力的知识、经验、技能等，不同于物质资本，人力资本具有边际报酬递增的特性。有鉴于此，人力资本是推动技术不断进步的核心因素。人力资本之所以能够推动技术进步，主要是因其在生产过程中发挥的"内在效应"和"外在效应"。"内在效应"是指技术的产生和创新需要劳动力的知识、经验和技能。"外在效应"是指技术扩散和应用需要人力资本的推动。综上，人力资本积累可以理解为劳动力通过接受教育、培训和"干中学"等方式和途径积累知识、技能和经验。此外，对于整个国家而言，劳动力在企业和行业的聚集所发挥的"集聚效应"也是国家人力资本积累的一种途径。本

16

书在具体研究中，采用一般文献中通常使用的受教育程度作为人力资本的代理变量对其进行量化。

三、技术进步相关指标

（一）研究与试验发展（R&D）

R&D（Research and Development）是国际通用的科技用语，即研究与试验发展。联合国教科文组织给出的这一术语的定义是：在科学技术领域，为增加包括人类文化和社会知识的总量，以及运用这些知识去创造新知识的应用而进行的系统的、富有创造性的活动。并且，联合国教科文组织也指出，研究与试验发展是科技活动的重要组成部分，其中，科技成果包括研发与试验发展、研发与试验成果应用以及与之相关的科技服务。从这一定义可以看出，研究与试验是科技活动的起点或基础。

（二）科技成果和科技成果转化

科技成果有狭义和广义之分。广义的科技成果是指科技活动所产生的各类成果，包括科学论文、专著、原理性模型、发明专利、产品原型或原始样机等。狭义的科技成果专指在广义科技成果中具有商业实用价值，并且在短期内能够产生直接经济效益和市场价值的成果。相对应的，科技成果转化也有狭义和广义之分。广义的科技成果转化主要是指各类科技成果转换成生产力的过程。狭义的科技成果转化是指应用技术类成果向能实现经济效益的现实生产力的转化。本书采用广义的科技成果以及科技成果转化定义。科技成果作为研究与试验发展（R&D）投入的产出，是技术进步的重要衡量指标（Schmookler，1962；Griliches，1990；Schmoch，1997；Nagaika 等，2010）。学术界最常用的衡量技术进步产出的代表性指标是专利数量。

(三) 科技进步贡献率和全要素生产率

《中国科技统计年鉴》对科技进步贡献率（TFP Contribution on Economic Growth）给出了明确的定义，即广义技术进步对经济增长的贡献份额，也就是扣除资本和劳动贡献后，包括科技在内的其他因素对经济增长的贡献。从这一内涵界定可以看出，科技进步贡献率不仅仅是衡量科技进步对经济增长的贡献，还包括除资本、劳动力和科技以外一切可以提高生产效率的要素。可以理解为这些要素除了包括资本和劳动力这些有形要素外，还包括政策制度、市场等多种因素。从已有文献来看，国际通用科技进步贡献率的计算方法主要为估算全要素生产率对经济增长的贡献。

全要素生产率（Total Factor Productivity，TFP 或 Multifactor Productivity，MFP）是政府制定政策的重要依据之一。全要素生产率是指各种生产要素投入水平既定的情况下，实现的额外生产效率。从概念可以看出，全要素生产率是指除资本和劳动力等有形要素之外，其他因素对生产率提高的贡献，包括技术进步、制度政策、规模等。因为技术进步是全要素生产率中较为主要的一种因素，因此一般采用全要素生产率衡量技术进步对经济增长的贡献率。计算全要素生产率的方法有：基于生产率定义的指数法、基于索洛模型的增长核算法、随机前沿生产函数法（SFA）以及基于 Malmquist 指数的数据包络分析法（DEA）。已有文献通常采用后三种方法估算全要素生产率，其中基于索洛模型的增长核算法，即扣除劳动力和资本后的"索洛余量"在统计实践中最为常用。"索洛余量"具体是指，索洛（Solow）（1956）利用柯布道格拉斯生产函数，在产出增长率中扣除要素增长率来计算"索洛余量"。设定生产函数为 $Y = AK^{\alpha}L^{\beta}$。其中，α 为资本产出弹性，表示资本在总产出中的比重；β 为劳动产出弹性，表示劳动在总产出中所占的比重，当 $\alpha + \beta =$

1时，生产的规模报酬不变。将生产函数取对数并对时间求导，可得 $\frac{dLnY}{dt} = \frac{dLnA}{dt} + \alpha \cdot \frac{dLnK}{dt} + \beta \cdot \frac{dLnL}{dt}$，相应地，全要素生产率的计算公式为 $TFP = \frac{dLnA}{dt} = \frac{dLnY}{dt} - \alpha \cdot \frac{dLnK}{dt} - \beta \cdot \frac{dLnL}{dt}$。

第二节　人口老龄化、人力资本与技术进步的相关理论

一、人口年龄结构转变理论

法国人口经济学家兰德里（A. Landry）通过整理法国的人口统计资料，于1909年发表了《人口的三种理论》。他在这篇文章中最早提出了人口转变思想，划分了与经济发展相适应的三个阶段：原始阶段、中期阶段和现代阶段。在1934年，兰德里在《人口革命》中系统阐述了这三个阶段。第一阶段：原始阶段，特点为生育无节制。这一阶段生产率水平低、物质资料匮乏，人口数量与物质资料数量息息相关，这一阶段的人口增长表现为高出生率、高死亡率、低自然增长率。第二阶段：中期阶段，特点是生育率降低。这一阶段生产率得到极大提高，人们的生活水平逐步上升，晚生晚育成为普遍的生活方式，因而在这一阶段出生率下降，人口增长率受到影响。第三阶段：现代阶段，特点为低出生率低死亡率。这一阶段经济快速增长，医疗条件得到改善，死亡率下降，人均寿命延长，这一阶段的人口增长特征表现为低出生率、低死亡率、低自然增长率。虽然兰德里对于人口阶段的划分是基于法国人口经验数据，缺乏一般性，但为人口增长阶段理论奠定了思想基础。1929年，几乎在同一时期，美国人口学家汤普森（W. Thompson）在《人

口》中根据不同地区经济发展水平和人口增长规律，对应人口增长三个阶段将世界划分为三类地区。

1944年，美国人口经济学家诺特斯坦（F. Notestein）在兰德里和汤普森相关理论的基础上，提出了系统的三阶段人口转变学。第一阶段处于转变前期，这一时期具有人口高增长潜力，出生率高、死亡率高且多变，人口自然增长率主要受到死亡率影响。第二阶段处于转变期，出生率和死亡率都开始下降，出生率下降滞后于死亡率，人口自然增长率高。第三阶段处于早期下降阶段，出生率下降至生育更替水平或低于这一水平，虽然死亡率同时在降低，但与出生率相比，下降趋势较为稳定。随后，金德伯克（C. P. Kindelberger）和赫里克（B. Herrick）提出人口转变的四阶段理论，进一步地，布莱克（C. Blacker）提出人口转变五阶段理论。由于人口转变四阶段理论和人口转变五阶段理论只是在细节处对人口转变三阶段理论进行补充，本质上并没有大的区别，因此人口转变三阶段理论在人口转变学说上最具代表性。结合诺特斯坦的理论，人口出生率在第二阶段之后持续下降，人口年龄结构开始发生改变。到了第三阶段，由于人口出生率逐渐降低至生育更替水平，甚至低于该水平，此时，老龄人口数量逐步增多，其所占比重也随之增大，这一阶段开始进入人口老龄化社会。

国内学者对我国的人口结构变化做了分析与预测。马寅初（1957）在《新人口论》中指出，新中国存在人口问题。他认为我国人口太多，并且人口增长速度过快，如果按照当下速度增长下去，必然会阻碍生产率的提高，由此建议一定要实施计划生育政策。宋健等（1980）建立了人口发展过程中的数理模型，所得结论支持实行计划生育政策。他按照各项人口指数的定义和计算方法，确定人口发展模型的初始条件、边界条件和各项指数，并对我国从1980年起100年的人口数量进行了预测。预测结果得出，我国只有实施严格的计划生育政策来控制人口数量，才能够保证我国人口总数不超过11亿。然而，随着计划生育政策的实施，新生儿数量大幅下降导致我国人口结构迅速转变，在此背景下，各界开始讨论计划生育政策的正确性，以及放开二孩可能出现的结果。翟振武等（2014）利用2005年1%人口抽样调查数据，推算出2012年中国独生子女人口规模，并据此估算放开二孩政策的目标群体，进而推测出生人口数量和规模。估算结果表明，有生育二孩意愿的人群规模较大，如果实施放开二孩政策，会有大量新生儿出生，从而补充劳动力的供给源，减缓我国的人口老龄化进程。梁建章和黄文政（2018）指出人口是经济增长和创新的重要因素，出生人口"断崖式"下跌会引起人口"雪崩"，因此建议实行补贴的政策鼓励生育。

学界对人口结构演进的基本规律已经达成共识。然而，由于我国实行计划生育政策导致新生儿数量急剧下降，所以人口结构转变与基本规律并不一致。国内已有很多文献分析了实施放开二孩的政策对我国人口结构转变的影响，研究结论随推算方法的不同存在差异。已有研究表明，虽然放开二孩的政策能够在一定程度上起到增加劳动力供给的作用，但是并不能阻挡我国人口老龄化愈加严重的趋势，因此，仍亟须积极寻求应对人口老龄化程度加深的良策。

二、人力资本相关基础理论

（一）"干中学"理论模型

较早通过构建理论模型研究人力资本的是阿罗的"干中学"模型。1962年，阿罗（Arrow）在《边干边学的经济含义》中提出"边干边学"的概念。他认为，知识是厂商物质资本投资的副产品，厂商物质资本存量的增加会带来知识存量的增加，并且知识属于公共产品，具有

"外溢效应"。设生产函数为：

$$y_{it} = f(B_{it}, k_{it}, l_{it}) = B_{it}k_{it}^{\alpha}l_{it}^{1-\alpha} \tag{2.1}$$

其中，y_{it} 表示企业 i 的产出，k_{it} 表示资本投资，l_{it} 表示劳动投入，B_{it} 表示技术投入。假设知识外溢在整个经济范围进行，并把干中学和知识外溢结合起来，由此，B_i 就由全社会的资本存量 k_t 决定，即 $B_{it} = Ak_t^{1-\alpha}$，其中 A 为常数，表示整个社会的生产能力。企业 i 的生产函数为：

$$y_{it} = f(Ak_{it}^{1-\alpha}, k_{it}, l_{it}) = Ak_{it}^{\alpha}(k_{it}l_{it})^{1-\alpha} \tag{2.2}$$

因此，企业在投资和生产过程中通过积累生产经验提高劳动生产率，同时，这些经验被其他企业所应用，从而提高整个社会的劳动生产率。该模型的含义为知识创造可以使整个经济生产率提高，具体在经济增长中表现为边际报酬递增。

(二) 罗默三部门模型

罗默（Romer）对阿罗的"干中学"理论做了修正并在其基础上进行创新。他认为知识的生产是技术进步的基础，并且知识的生产除了原有的知识积累外，还需要投入人力资本，这二者积累得越多，用于生产知识的人力资本的边际生产率就越高。在罗默的模型中，做出了如下假定，一是知识生产的私人收益率递减，二是新知识的社会收益率递增，三是知识具有正外部性，四是完全竞争的经济环境。在这些假定的基础上，罗默研究得出的结论是：社会投入研发的人力资本比重越大，人均增长率或产出增长率越高，同时，人力资本在研究开发中的边际产出率越高，人均产出增长率越高。罗默构建的人力资本投资模型内含有这样的逻辑核心，即专业化知识的人力资本投资引起分工与专业化程度的提高，专业化带来劳动效率以及生产效率提高，最终促进技术进步。

罗默的三部门模型中包含研究部门、中间产品部门和最终产品部门。这三个部门的职能分别是：研究部门使用人力资本（H）和知识总存量（A）生产新的知识（ΔA），中间产品部门利用新知识生产出耐用品，最终产品部门用人力资本、生产出的耐用品以及劳动再生产最终产品。在劳动供给和人力资本（H）保持不变的前提下，首先假设：①研究部门生产的新知识（ΔA）、人力资本投入（H_A）与知识总存量（A），都是线性关系，三者之间的具体关系为$\Delta A = \theta \cdot H_A \cdot A$，其中$\theta$表示生产率参数，在市场利率和最终产品需求曲线给定的情况下，由生产率参数确定产品利润最大化的价格；②生产中间产品的部门同样是在给定市场利率和产品需求曲线的情况下根据利润最大化原则确定中间产品价格；③最终产品生产部门与上述两部门不同，它是给定价格的接受者，并且可以用一个典型厂商代替全部最终产品的生产部门。设耐用品具有独立相加的产量效应，最终产品产量用扩展的柯布道格拉斯生产函数表示为：

$$Y(H_Y, L, X) = H_y^\alpha \cdot L^\beta \int_0^\infty X(i)^\gamma di \qquad (2.3)$$

式（2.3）中Y为最终产品的产量，H_Y为人力资本投入量，L为劳动供给，X为耐用品使用量，α和β分别代表人力资本和劳动在最终产品中的贡献份额，产出增长中的弹性系数为$\gamma = 1 - \alpha - \beta$；④消费者是价格的接受者，消费者根据跨期效用函数决定消费行为，其跨期效用函数为：

$$U = \int_0^\infty u[c(t)]e^{-\delta t}dt \qquad (2.4)$$

罗默经过证明得出，分散化的均衡解是A、K（社会知识总水平）和Y都是不变速率增长的一个平衡均衡解。经济的均衡增长率（g）可以表示为：

$$\begin{aligned}g &= \Delta C/C = \Delta Y/Y = \Delta K/K = \Delta A/A = \theta HA \\ &= \theta H - \alpha \cdot r/(1 - \alpha - \beta)(\alpha + \beta)\end{aligned} \qquad (2.5)$$

式（2.5）中，r 表示市场利率。该式表明，经济的均衡增长率与总人力资本、研究部门的人力资本和市场利率有关。总体人力资本水平和研究部门人力资本水平越高，市场利率越低，经济的均衡增长率越高。罗默的这一模型很好地说明了内生的知识增加具有外溢效应，这两种效应共同引起了规模收益递增。罗默的增长模型将知识分为两种：一般知识和专业知识。具体地，一般知识可以产生规模经济，专业知识可以使得投入要素在生产中获得递增的收益。也就是说，这两种知识的结合不仅可以使得投入的知识、人力资本收益递增，还可以使追加的物质资本和劳动力的规模报酬递增，最终实现生产率提高和技术进步的效果。

人力资本以其在生产中边际报酬不会递减的性质有别于一般的投入要素。关于人力资本和技术进步的关联，较为经典的理论即为"干中学"理论和罗默的三部门模型。根据经典理论可以看出，人力资本是推动技术进步的核心要素。

三、技术进步的衡量与测算

（一）研发投入指标

研究与试验发展（R&D）作为研发投入的衡量指标之一，已有不少文献对其做出了相关研究。因为研究与试验发展（R&D）是技术的投入，所以相关文献主要集中在分析研究与试验发展（R&D）投资不足或过度。罗默（1990）研究了研究与试验发展（R&D）的最优投资水平，他指出研究与试验发展（R&D）投资报酬在私人部门和社会之间的差异反映了全社会的研究与试验发展（R&D）投资份额。如果研究与试验发展（R&D）私人投资收益率大于社会资本收益率，表明研究与试验发展（R&D）私人投资没有达到社会最优水平；反之，如果研究与试验发展（R&D）私人投资收益率小于社会资本收益率，则说明研究与试验发展（R&D）私人投资已经超出社会投资的最优水平。此外，由于技术存在外溢效应，因此，当社会资本收益率大于私人研究与试验发展（R&D）投资收益率时，整个社会存在研究与试验发展（R&D）投资不足。Aghion 和 Howitt（1992）则把创造性破坏效应引入研究与试验发展（R&D）驱动模型，指出创新对生产者的不利效应可能诱发研究与试验发展（R&D）投资过度增长。不论是研究与试验发展（R&D）过度投资还是投资不足，都是资源配置效率低下的表现。Jones 和 Williams（1998）重点研究了研究与试验发展（R&D）资源配置效率低下问题，他们将这一问题称为研究与试验发展（R&D）扭曲效应。产生这一现象的原因在于，一是知识外部性效应，这一效应是指知识具有非排他性和非竞用性，会产生正的外部效应，也即为，知识存量越大，产生的外部效应越显著，企业进行技术创新的成本越小；二是垄断效应，在市场经济环境下，创新企业依靠技术领先的优势可以制定垄断价格。这带来的后果是，过高的价格造成市场对产品需求的下降，企业的利润空间遭到压缩，导致企业降低研发投入，进而造成研究与试验发展（R&D）投资不足；三是外部拥挤效应，由于市场上所有创新企业都希望获得新技术以占据垄断地位，于是创新企业都进行研究与试验发展（R&D）投资，造成对整个市场投资过度的结果；四是创造性破坏效应，这一效应的产生主要是因为新进入市场的企业与在位企业存在利润上的重新分配。由于新进入的企业应用新技术生产的产品相较于已有产品更具有竞争力，因而垄断利润全部由新企业攫取，原企业将被挤出市场，这进一步带来私人投资效率大于社会资本投资效率，再度引起新一轮的研究与试验发展（R&D）过度投资。

国内的学者结合我国的实际情况，分析了我国研究与试验发展

（R&D）投资效率低下的现象。宋宇（1999）从专利悖论、信息悖论、契约悖论、市场悖论、商品悖论、产权悖论以及机制悖论角度指出研究与试验发展（R&D）在资源配置过程中会出现的难点。他总结了科技资源在配置中无效率的四种表现：一是技术开发过程中研究与试验发展（R&D）投资不足或过度的现象；二是技术市场在运作过程中的无秩序现象；三是垄断性企业在技术资源配置过程中的策略性行为；四是技术选择过程中出现的优胜劣汰现象。最后，文章指出，技术资源配置市场是不完全竞争市场，仅依靠市场力量进行资源配置必定造成资源配置效率低下的问题。文章建议应该以市场为导向对技术资源配置进行合理的调控。叶儒霏等（2004）首先分析了中国科技资源配置效率低下的原因，即信息不对称影响了金额及资源配置效率，政府在决策方面存在的固有弱性使得决策不理性，随后对我国科技资源配置中存在的问题进行了阐述。一是由于存在科研规划模仿的行为，导致在资源配置的决策中存在盲从现象，同时，科技界存在不公平和不透明的现象，科研的约束机制不到位。二是研究与试验发展（R&D）投资机制不健全，具体表现为投资体制比较单一，投资结构也缺乏合理性。三是政府、企业和科研机构的角色存在错位。由此可见，科技资源配置过程中存在的种种问题已不容忽视，亟须建立一套高效的科研资源整合机制。结合实际的经验数据，已有研究测算了我国科技资源配置的具体情况。游达明等（2017）采用 SBM 模型测算了我国科技资源配置的效率值，并将我国 29 个省市分为四个梯队和一个异常组，在对每个决策单元进行 Malmquist 指数分解后，分析和评估了我国科技资源配置的区域差异性。研究结果表明，我国科技资源配置整体上效率较低，但有缓慢提升的趋势；不同区域的资源配置效率差异较大；虽然已有的科技成果较多，但是科技成果的经济产出存在很大不足。

（二）技术转化指标

最早用专利数量衡量技术进步的方式见于美国经济学家 Schmookler 于 1962 年发表的文章，他采用美国 1836—1957 年铁路运输业、农业、造纸业以及石油加工业的专利数量来表征这四个行业的技术进步程度。随后，Griliches（1990）在用专利数量衡量技术进步方面做出了比较突出的贡献。他认为专利数量是技术进步的重要信息来源，这是因为专利的相应数据较为完整且容易获得，同时在创新信息的获取上也具有其他指标所没有的优势。Schmoch（1997）也指出，研究与试验发展（R&D）费用支出以及研究与试验发展（R&D）人员投入都只能在总体上衡量技术进步，而专利数量可以用于分析特定行业或领域的技术进步程度。OECD（2009）进一步指出，专利数量除了具有数据易于获得并且较为完整以及适用性强的优势外，还在披露发明所在领域、发明人和授让人的各项信息以及流动情况方面具有优势。由于目前专利数据库构建较为完整以及各种相关软件的普及，用专利数量衡量技术进步较为便利。

虽然专利数量是目前学术界比较通用的衡量科技产出和技术进步的衡量指标，但是用专利数量表征技术进步同样存在不可避免的误差（OECD，2009；Nagaika 等，2010；Hauser 等，2018）。主要基于以下原因：第一，并不是所有的创新成果都能获得专利保护。Cohen 等（2000）对美国制造业 1478 家研发部门进行调研后发现，大部分行业倾向于用商业机密的形式保护其发明创造的核心技术，而不是申请专利，原因在于申请专利需要披露关于发明的一些信息且具有时效性。Huang 和 Cheng（2015）对我国台湾 165 家 ICT 企业的创新活动进行调查后得出，企业申请专利受限于企业规模、研发密度和人力资本，由此看出企业申请专利具有较高的门槛。Hauser 等（2018）指出申请专利在类别方面具有较为严格的规定和限制，服务创新、过程创新和商业模式创新都不适宜申请专利。第二，专利价值分布并不均匀。Scherer 和 Harhoff（2000）对 222 项美国专利和 Harhoff 等（2003）对 772 项德国专利的所有人进行问卷调查后发现，在美国样本中，约 8.5% 的最具有价值的专利占全部专利价值的 76%~80%，约 10% 的最具价值的专利占全部专利价值的 81%~85%；而在德国样本中，约 5% 的最具价值专利占全部专利价值的 46%~61%，约 10% 的最具价值专利占全部专利价值的 84%。第三，并非所有的专利都是技术进步的表现。Scherer（2001）将发明人的专利类比成彩票，认为绝大多数专利都只具有极小的价值，甚至毫无价值，仅有极少数专利具有较高的价值。第四，专利活动在很大程度上受到各种主客观因素的干扰，有些专利活动不能反映技术进步。Griliches 等（1989）将美国 1970—1980 年的专利申请量和授权量低迷部分地归因于专利局预算和效率的周期性波动。第五，用专利衡量技术进步在国际比较上存在难题。OECD（2009）指出，各国在专利制度安排上的差异使得不同国家授权的专利数据不具有可比性，应使用同一专利局授权的专利进行创新活动的国际比较。事实上，即使是同一专利局授权的专利也并非同质。Dernis 和 Khan（2004）指出，本国申请者较之于外国申请者具有明显的本土优势，前者通常能在本国专利局申请到更多的专利，故 OECD 所界定的三方同族专利（Triadic Patent Families）更适用于创新活动的国际比较。

（三）技术贡献率指标

学术界一般采用全要素生产率衡量技术进步对经济增长的贡献。国内已有较多文献采用不同方法对全要素生产率进行估算，所得结果存在较大差异。叶裕民（2002）利用统计方法对我国以及各省区的全要素生产率（TFP）做出估算，测算结果表明，经济结构变动是引起全要素生产率变动的重要原因之一；我国经济增长除了全要素生产率的推动外，资本推动也是重要因素，东中西部的全要素生产率因为资本深化速度不同具有明显的区域异质性。张军和施少华（2003）计算了1952—1998年我国的全要素生产率，估算结果显示，在1978年以前我国的全要素生产率波动较大，而在1978年后我国的全要素生产率开始稳步提升。郭庆旺和贾俊雪（2005）估算了1979—2004年我国全要素生产率的增长率，估算结果显示，1979—1993年我国的全要素生产率不断波动，1993—2000年全要素生产率不断下降，到了2000年以后，中国的全要素生产率才逐渐上升。通过测算结果可以得出的结论是，中国的经济增长主要依靠要素投入拉动，而技术等其他因素在经济增长中的贡献较低。王小鲁等（2009）基于内生经济增长模型并进行实证研究得出，1978年以来我国的全要素生产率呈上升趋势，并且改革开放以来，全要素生产率增长的来源在发生变化，技术进步和内源性效率改善逐渐占据主体，但是政府行政管理成本增加和最终消费率下降对全要素生产率提高有负向影响。

随着研究的深入，学界逐步采用更加前沿的方法估算我国的全要素生产率。蔡晓陈（2012）采用原核算和对偶核算方法比较估算我国全要素生产率之间的差异，检验出1979—2009年我国全要素生产率受不同因素的影响，得出了二元经济结构是影响中国经济周期性波动的重要因素的结论。李平等（2013）利用全要素生产率法和索洛余量法测算生产率对经济增长的贡献，研究结果表明生产率提高促进我国经济增长，但是1978年以来，我国的生产率呈现不断波动的趋势，并且资本投入仍是我国经济增长最主要的因素。余泳泽（2015）利用检验后的超越对数生产函数的随机前沿模型，估算了1978—2012年中国全要素生产率，并且进一步研究了我国全要素生产率的空间收敛性。经过研究发现，我国全要素生产率得以改进主要是因为规模效率，同时，因为规模效率在空间上收敛，我国省际全要素生产率空间收敛的周期也在缩短，值得重视的是，"中国式分权"制度对我国省际全要素生产率在空间上的收敛有着十分显著的影响。徐永洪（2019）为克服索洛余量法、随机前沿生产函数法以及数据包络分析法在估算全要素生产率时的内生性问题，采用了 ACF 法对我国 1997—2017 年全要素生产率进行测度，估算结果显示，资本投入增加对我国经济增长的贡献最大，劳动投入对经济增长贡献的波动比较大，全要素生产率对经济增长的贡献在下降，并且资本投入、劳动投入以及全要素生产率对经济增长的贡献具有明显的区域异质性。

目前，学界用于衡量技术进步的指标一般为研究与试验发展（R&D）、专利数量和全要素生产率。其中，在现行统计标准下，还没有关于全要素生产率的官方公布数据，并且已有的估算我国全要素生产率的研究因选取方法不同导致结果存在很大差异。本研究将采用这三个指标综合衡量我国技术进步水平，并且运用适合于本书研究问题的方法估算我国 2003—2017 年的全要素生产率，以确保后文实证研究中样本数据的平衡性。

第三节 人口老龄化对人力资本与技术进步影响的相关文献综述

一、人口老龄化对人力资本影响的文献综述

（一）人口老龄化对劳动力供给的整体性影响

随着人口老龄化逐渐成为全球性现象，人口老龄化对劳动力的影响越来越受到国内外学者的关注和重视。一般而言，人口老龄化程度加深对劳动力供给最直接的影响是劳动年龄人口数量的下降。Bella 和 McVicar（2010）在分析欧洲人口老龄化国家的数据后发现，在这些国家，老龄人口劳动参与率有所提高，因此并没有出现有效劳动力的锐减现象。王立军和马文秀（2012）从劳动者受教育水平、劳动熟练程度、劳动强度和经济活动人口四方面，分析人口老龄化对劳动力供给的综合影响。研究结果表明，人口老龄化会导致名义劳动力供给量和劳动参与率下降，并且根据实际劳动强度得出的真实劳动供给量比名义劳动供给量的下降速度更快。童玉芬（2014）进一步关注人口老龄化对劳动力供给阶段、劳动力供给结构和城乡劳动力供给的影响，利用联合国人口基金的统计结果，结合我国人口的具体情况进行分析，研究表明人口老龄化会引起年轻劳动力数量迅速下降，劳动力结构老化和乡村人口老龄化形势严峻的现象需要引起高度重视。

关于劳动力老化对劳动生产率的影响仍存在争议。Verhaeghen 和 Salthouse（1997）对 91 项关于认知能力和年龄的测试进行综合分析后得出，个体的情景记忆能力、快速记忆能力和推理能力在 50 岁之前会随着年龄增长不断下降。具体表现在，高龄劳动力反应速度和灵敏度都较差，对新知识存在一定程度的抗拒，学习并运用新技能速度慢，加之劳动力身体素质随着年龄增长而下降，高龄劳动力生病概率上升，就医频率增加，也会导致劳动生产率降低。因而，随着人口老龄化程度逐渐加深，整体劳动生产效率会下降。Prskawetz 等（2006）研究发现，年龄和劳动生产率的关系呈现"驼型"，驼峰在 30~49 岁，老龄员工的劳动生产率低，因此企业生产率随着老龄员工占比上升而下降，并且年龄对劳动生产率的影响具有行业异质性。进一步地，Malmberg 等（2008）发现劳动生产率和年龄负相关，青壮年的劳动生产率高，但是，如果考虑企业异质性，劳动生产率则与年龄正相关，即高龄员工效率高。因此，年龄对劳动生产率的影响需要结合企业特质进行分析。朱勤和魏涛远（2017）充分考虑不同年龄组劳动力的生产效率不同的特点，采用可计算的 CGE 模型模拟分析人口老龄化背景下我国劳动力供给趋势和影响。研究结果表明我国有效劳动力供给达到最高值后下降的速度比人口总量及劳动力总量下降速度快，延迟退休的政策效果并不足以减缓人口老龄化带来的劳动力短缺，提高人力资本水平是改善劳动力短缺的可行措施。

（二）人口老龄化对人力资本的影响

人口老龄化不仅从整体上影响劳动力供给数量，还不可避免地影响人力资本。学界关于人口老龄化对人力资本影响的讨论并未达成一致。一种观点认为人口老龄化程度加深有助于增加个人和公共人力资本投资，从而提高相应的人力资本积累。第一，从生育率降低角度看，美国经济学家贝克尔（1990）对代际间教育投资进行了实证研究，他假定子代人力资本存量是父代的教育投资的线性函数，即人口老龄化背景下，父代倾向于增加子代的教育投资，从而提高了人力资本积累。并且贝克尔在此基础上分析得出，当人力资本超出某一特定值时，宏观经济会实现较高的增长率；第二，从预期寿命延长角度看，Fougère 和 Méretie（1999）在对 7 个 OECD 国家 1954—2050 年的数值进行模拟后发现，人口老龄化会促使未来几代人有更多进行人力资本投资的机会，促进人力资本积累，这同时减弱了人口老龄化对经济的负面影响，也有效提高了个人的福利水平。Fougère 和 Méretie 在研究中发现，人口老龄化会导致资本存量和劳动年龄人口减少，但是劳动年龄人口减少的幅度相对更大，从而导致物质资本回报率下降，而劳动力的工资却会上升，这促使父代对子代进行更多的教育投资。Sebnem（2002）进一步指出死亡率下降可以促使家庭增加对子代的教育投资。Carneiro（2003）数值模拟了美国在婴儿潮时期后，人口老龄化与人力资本之间的关系，研究结果表明，人口老龄化和大学生工资呈现显著的正相关关系，说明了人口老龄化正向促进了人力资本积累。另外，Cipriani 和 Makris（2006）将寿命内生化于世代交叠模型中，验证了预期寿命和人力资本投资之间的正向关系。国内学者也从这一角度进行了相关研究，王云多（2014）采用动态世代交叠模型预测了我国人口老龄化对人力资本的影响，并且进一步分析了人口老龄化通过作用于人力资本对生产能力的影响。模拟结果表明，在短期，人口老龄化增加了青少年受教育实践，有助于人力资本积累；第三，从预期收益角度看，乌仁格日乐（2017）将家庭养老和社会保障制度内生于代际传递模型，分析了在人口老龄化背景下，父代对子代的人力资本投资行为。研究发现，人口老龄化促进父代对子代的教育投资，目的是在年老时能够获得更多的家庭内部转移支付。Gradstein 和 Kaganovich（2004）依据美国的实际经验，构建了 OLG 模型，将每期的工作人员和退休人员组成投票群体，来决定其对年青一代工作人员的教育投资。由于退休人员已经无法享受教育投资带来的回报，因此倾向于将教育投资降到最低，而工作人员则更愿意增加教育投资，原因在于一是增加教育投资能够带来未来储蓄的提高；二是随着预期寿命的增加，他们能够享受到未来高收益的概率增加。

然而，另一种观点认为，人口老龄化对人力资本积累不仅仅是简单的正向作用，还存在一定的负面影响。一方面，对于个体人力资本积累而言，Ehrlich（2007）对包括 OECD 和非 OECD 在内的 57 个国家的人口老龄化程度和人力资本投资之间的关系进行研究后发现，人口老龄化程度加深会增加工作者的养老保险税收负担，同时对家庭的生育行为和子代教育投资产生消极影响，不利于家庭人力资本积累。Poterba

(1997) 研究发现，人均教育支出会随着 0~17 岁青少年比例每增加 1% 而降低 1%，但是宏观上表现为教育总支出不变；而 65 岁以上人口每增加 1%，人均教育支出会随之降低 0.3%，由此可见，人口老龄化对教育投资形成了挤出效应；另一方面，对于公共人力资本积累而言，Miller（1996）采用美国 48 个洲和得克萨斯县的教育支出数据进行实证研究后发现，65 岁以上人口所占比重越大，该地区的教育支出越低，研究结果表明人口老龄化与公共人力资本呈负相关关系。Poterba（1997）经过估算发现，青少年的教育支出和 65 岁以上人口的教育支出之间的弹性是-0.25，并且 65 岁以上人口比重对非教育支出存在正向影响。说明老龄人口不希望降低医疗养老等公共支出，而倾向于降低教育支出。进一步，他预测了美国人口老龄化程度会加深对教育支出的影响。预测结果显示，美国人口老龄化程度从 1990 年的 12.5%上升到 2030 年的 18.7%，这将导致每个青少年的教育支出减少 10%。此外，从公共福利角度看，Ladd 和 Murray（2001）采用美国郡县层面的数据对人口老龄化和教育支出的关系进行研究，他们假设在老龄人口没有子女在公共学校接受教育，且这部分人口在教育支出中不会获益的前提下，一个地区增加教育支出只会给老龄人口带来税负的增加，降低其福利水平，因此随着一个地区人口老龄化程度加深，该地区的教育支出下降。并且，他们还发现，如果一个地区劳动年龄人口和少儿人口中少数民族比例上升，该地的教育支出会下降。Harris 等（2001）将研究对象的范围进一步缩小，采用美国街道面板数据分析人口老龄化对公共教育支出的影响。文章得出的结论是，人口老龄化对公共教育支出有负面影响，但这一影响远没有采用州层面的数据得出的影响大。进一步地，对州政府和当地政府的教育支出进行对比发现，老龄人口倾向于降低州政府的教育支出。

第三种观点认为，人口老龄化对人力资本可能存在非线性影响。Zhang et al（2003）采用世代交叠模型研究得出，死亡率下降、预期寿命延长和公共教育支出之间存在着驼峰关系。当死亡率高、预期寿命较短时，中年人口希望提高税率以增加公共人力资本投资；当人口老龄化加深到一定程度时，这部分人口又倾向于降低税率来减少公共人力资本投资，因此公共人力资本也相应呈现出先上升后下降的趋势。Gradstein 和 Kaganovich（2003）研究发现，人口老龄化对人力资本的影响受到两方力量的作用。即将退休的劳动力倾向于将公共财政支出用于提高老龄人口福利水平，而正处在工作时期的青壮年为提高未来的人力资本收益以及储蓄回报，倾向于将公共财政支出用于人力资本投资，具体人口老龄化对人力资本积累是正向还是负向影响取决于这两方力量的大小。刘文和张琪（2017）利用中、日、韩三国 1971—2013 年的面板数据研究人口老龄化对人力资本的影响，实证结果显示，人口老龄化与人力资本之间呈现"倒 U 形"的关系。文章建议借鉴日韩的相关经验，加大人力资本投资，从而应对人口老龄化对人力资本投资趋向的可能改变。

另外，广义的人力资本投资除了教育投资之外，还包括医疗卫生等健康投资。Lloyd-Sherlock（2000）对人口老龄化和医疗保障政策的研究发现，将更多的资金投入基本医疗保障中有利于提高老龄人口的健康水平，对人力资本提高也能产生积极作用。Vanzon 和 Muysken（2001）研究人口老龄化对包括教育投资和健康投资在内的广义人力资本投资的影响。他们认为健康投资的报酬是递减的，而教育投资的报酬是递增的。经过分析发现，人口老龄化激励人们偏好增加健康投资。然而，为获得更高的人力资本收益，应该减少公共支出中用于健康投资的比例，增加教育支出的比例。

毋庸置疑的是，人口老龄化会带来劳动年龄人口数量的减少，并且在现实中已经出现这一现象和趋势。与此同时，随着人口老龄化程度加深，高龄劳动力所占比例上升，劳动力结构老化等。这些人口老龄化对劳动力供给产生的负面影响已成为共识。然而，目前关于人口老龄化对劳动生产率以及人口老龄化对人力资本的影响的文献由于选取样本和采用的方法不同，得出的结论并不一致，甚至大相径庭。关于人口老龄化对人力资本的影响，目前形成了三种观点。一种观点认为，人口老龄化有利于人力资本投资增加，促进人力资本积累；另一种观点认为，人口老龄化挤出人力资本投资，不利于人力资本水平的提高；第三种观点认为人口老龄化对人力资本的影响呈现非线性的特征。本研究将构建数理模型和采用计量模型检验人口老龄化对人力资本的影响。

二、人力资本对技术进步影响的文献综述

技术创新、扩散和应用离不开人力资本的积累。国内外已有文献从不同角度研究了人力资本对技术进步的影响。一方面，人力资本决定一个国家的技术能力并直接影响该国的全要素生产率（Romer，1990）；另一方面，人力资本水平影响一国的技术扩散速度（Nelson等，1966）。1962年，阿罗（Arrow）在《边干边学的经济含义》中提出"边干边学"的概念。他认为，知识是厂商物质资本投资的副产品，厂商物质资本存量的增加会带来知识存量的增加，并且知识属于公共产品，具有"外溢效应"。因此，企业在投资和生产过程中通过积累生产经验提高劳动生产率，同时，这些经验被其他企业所应用，从而提高整个社会的劳动生产率。该模型的含义为知识创造可以使整个经济生产率提高，具体在经济增长中表现为边际报酬递增。罗默对阿罗的"干中学"理论做了修正并在其基础上进行创新。他认为知识的生产是技术进步的基础，并且知识的生产除了原有的知识积累外，还需要投入人力资本，这

二者积累得越多，用于生产知识的人力资本的边际生产率就越高。

尼尔森和菲利普斯（1966）构建出两个技术扩散模型，系统阐述了人力资本投资、技术扩散和经济增长之间的关系。研究表明，人力资本投资和形成的过程就是技术扩散的过程，同时这一过程对人力资本投资有严格的条件要求。技术扩散的形式主要包括专业训练和技术培训，并且一个国家或地区技术扩散的程度与该国或地区人力资本存量有很直接的关系，人力资本积累越充分，技术扩散的范围越大，并且技术扩散的速度也越快。A. 巴特尔和 F. 里奇坦伯格（1987）对美国 61 个制造业行业中劳动力的受教育水平、机器设备的平均使用寿命以及研发密度之间的关系进行研究，得出的结论是机器设备越新、劳动力的人力资本水平越高，越会出现相应的研发密度大的产业。然而，如果人力资本错配，会产生研发效率下降的后果。

已有文献通过经验数据采用实证研究来检验人力资本对技术进步的具体效应。Vandenbussche 等（2006）研究了 19 个 OECD 国家 1960—2000 年人力资本不同部分对技术进步的影响，得出的结论是对全要素生产率具有显著促进作用的是受过高等教育的人力资本。彭国华（2007）利用中国 1982—2004 年 28 个省区的面板数据采用 GMM 方法检验人力资本组成部分与全要素生产率之间的关系，研究结果显示，高等教育、中等教育以及基础教育这三个人力资本组成部分对全要素生产率的影响不同，只有高等教育显著促进全要素生产率增加，即高等教育人力资本每提高 1%，促进全要素生产率上升 5.5%。岳书敬和刘朝明（2006）采用 Malmquist 分析方法先估算了中国 30 个省份 1996—2003 年全要素生产率（TFP），并且在此基础上，引入人力资本要素，使用承认含有无效率项的生产前沿技术，经过研究后得出，随着人力资本水平的迅速增长，中国区域经济增长率差距不断扩大。魏下海和张建武

（2010）利用中国 29 个省份 1990—2007 年面板数据，采用门槛回归模型研究人力资本和全要素生产率之间的关系。实证结果表明，人力资本对全要素生产率（TFP）具有显著的门槛效应，当人力资本跨过高门槛水平时，人力资本对全要素生产率（TFP）的影响系数较大，并且跨过高门槛值的省份多集中在东部地区。李静和楠玉（2018）构建人力资本函数的理论模型研究人力资本与研发投入之间的关系，并运用数值模拟和实证分析对理论模型结论进行验证。研究结果表明，人力资本错配会引起技术偏向的决定，并且人力资本与技术的错配使得研发部门创新效率下降，有潜力的研发人员可能到非生产型或者非科技创新型部门就业，长此以往，会影响高水平的人力资本向研发部门集聚，造成研发效率低下的局面。

综合已有文献，人力资本对技术进步的作用机制主要体现在，在生产过程中，人力资本具有不同于其他投入要素的边际报酬递增的优势，并且，人力资本所具有的"内在效应"和"外在效应"推动技术的创新、扩散和应用，此外，劳动力在生产过程中不断"干中学"也促进了生产效率的提高和技术进步。目前已有文献对于人力资本对技术进步的正向作用已经达成共识，较为集中于测算人力资本对技术进步的具体影响，且这一具体影响由于采用方法的不同而存在差异。

三、人口老龄化通过人力资本作用于技术进步的相关文献

学界关于人口老龄化对技术进步的影响一直存在争议。已有文献从个体、企业和国家层面分析人口老龄化对技术进步的影响，经梳理后发现，人口老龄化主要通过人力资本积累影响技术进步，并且技术能否转换成生产力也取决于人们的认知水平和转化动机。下文将进行详细阐释。

（一）人口老龄化对技术进步的积极作用

从个体角度看，人口老龄化对技术进步的正向作用主要体现在以下方面。高龄劳动力在语言能力、阅历、工作经验等方面积累较多，这些均有利于技术进步。Skirbekk 研究发现个体的语言能力并不会随着年龄增长而下降，这表明如果一项工作任务以语言为主，高龄劳动力反而比中青年劳动力的工作效率更高。Marquis 等（2002）经过研究后发现，高龄劳动力倾向于认为自己的计算机能力不如中青年，但是其他方面的能力并没有中青年弱，这部分劳动力在工作中也表现出较强的创新动机。Jones（2010）通过对 20 世纪诺贝尔奖的获得者以及一些发明家的产出研究发现，他们取得重大研究进展的年龄在逐渐增大，诺贝尔奖获得者取得重大发现的平均年龄增加了 6 岁左右，并且研究还发现，高龄研究人员在发明创造方面具有优势。可能的原因是，诺贝尔奖获得者在取得重大突破之前需要投入较多的时间学习前人研究的成果和知识，其人力资本积累的时间较长，由此影响了中青年时期的研发产出。

从企业角度看，有文献研究表明人口老龄化对企业技术进步具有积极影响。Ashworth（2006）利用美国电能行业的数据进行分析后发现，随着人口老龄化程度加深，企业中高龄劳动力所占比重上升，不论从短期还是长期看，对企业而言都形成知识的积累，有助于企业人力资本积累，进而促进企业技术进步。Noda（2011）把企业研发部门的员工作为高能力员工，把企业建设部门的员工看作低能力员工，通过构造模型研究后发现，企业研发部门人员中高龄员工比例增加对企业的技术进步有积极作用。王瑞瑜和王森（2020）认为人口老龄化带来劳动力短缺，促使企业应用人工智能进行生产，从而推动技术进步。

从国家层面看，关于人口老龄化对技术进步的积极影响的文献有，Izmirlioglu（2008）在考虑人口因素的多部门经济增长基础上，推出用于表示中间产品多样性的技术进步指标，并利用美国 1950—2000 年的数据对 2001—2050 年的技术进步指标进行预测。结果显示，在人口老龄化背景下，技术进步仍然可持续，而且研发人员比重在上升。Froscb（2009）用商业专利数量衡量一个地区的创造力，得出劳动年龄结构对创造力有直接影响。进一步，他研究不同年龄结构的人力资本对创造力的影响，经过分析后得出，年轻员工和高龄员工的比重增加对地区创新能力均有正向影响。一方面，年轻员工往往可以快速掌握新的知识和技能，老龄员工拥有丰富的经验，二者可以形成互补，有利于国家的技术进步。另一方面，随着人口老龄化程度加深，劳动年龄人口所占比重下降，劳动要素投入对经济增长的贡献随之下降，人力资本的回报率增长，这促使国家更加重视人力资本投资，激励社会资源的重新配置，催生新的技术，从长远看，有助于推动技术进步。Lee 等（2010）研究指出当人口老龄化带来劳动供给下降时，国家会转而重视提高人力资本的水平，长期来看，会使得大量低技能劳动力被高技能劳动力取代，从而提高整体劳动生产率。彭代彦和吴翔（2013）运用 SFA 方法实证分析了 2003—2010 年我国农村劳动力结构变化对农业技术的影响，研究表明人口老龄化促使资本替代劳动力，有利于提高农业生产的技术效率。邓翔等（2017）通过将人口老龄化纳入新古典增长模型，研究人口老龄化对自动化的影响和作用机制。数理模型和数值结果均表明，人口老龄化有利于自动化资本积累。同时，文章采用 2005—2015 年我国省际面板数据实证检验人口老龄化对自动化的影响，得出的结论是人口老龄化对自动化具有正向作用，与理论模型的结果一致。因此文章建议鼓励企业采用工业机器人和人工智能等自动化技术，从而推动技术红利对人口红利的替代。陈秋霖等（2018）运用跨国和我国省级的面板数据研究发现，人口老龄化是人工智能等技术发展的诱因，人口老龄化导致劳动力短缺，这会促使一个地区更多地应用智能化生产。Acemoglu 和 Restrepo（2018）采用美国的面板数据分析发现，在人口老龄化程度较高的地区，人工智能等技术使用更加密集，智能化发展速度更快，因此得出人口老龄化引致人工智能等自动化技术发展。

（二）人口老龄化对技术进步的消极影响

然而，也有一些文献研究表明人口老龄化对技术进步具有消极影响。从个体来看，第一，从身体素质角度看，Mazzeo（2001）经过研究后得出，随着年龄的增长，个体在肌肉强度、有氧代谢能力、身体灵活性等方面均不断下降，这会影响个体在工作中的劳动输出，进而不利于创新和技术进步。Czaja 等（2007）研究证实了个体在衰老过程中认知能力趋于下降，不利于个体进行创新活动，进而影响个体产出，由此造成其人力资本积累速度放慢，阻碍了技术创新和进步；第二，从工作动机角度看，Levin（1991）采用拥有博士学位的物理学家产出的数据进行实证研究后发现，随着年龄的增长，研究人员创新的预期收益下降，从而会减少个体产出，这不利于技术进步。Kanter（2000）通过构建包含工作动机的理论模型发现，工作动机与年龄之间呈"倒 U 形"关系，因此，一般地，高龄劳动力的工作动机下降，进而影响劳动生产效率；第三，从人力资本积累角度看，Rybash（1986）等研究发现，劳动力的人力资本与其工作紧密相关。随着年龄的增长，劳动力进行工作转换的难度在逐渐加大，同时也表现出越来越难适应新工作的情形，创新能力也随之下降。Myerson（1990）研究后发现，高龄劳动力具有的人力资本在面临复杂工作时具有不可避免的缺陷，因而在复杂的工作任务中创新能力下降。

人口老龄化对企业技术进步的消极影响主要体现在以下方面。第一，企业对员工的培训较少。Asplund（2005）就曾指出，相较于中青年员工，私人企业对高龄员工进行的培训较少，从而影响高龄员工劳动效率的提高。Kuhn（2007）通过构建两期的世代交叠模型说明企业内部高龄员工比例增加和员工培训的问题，他指出培训高龄员工产生的效应分为经济效应和人口效应，且这两个效应均为负，因而当企业中高龄员工的比例增加时，企业的培训发生率会有所下降，进而阻碍了企业的创新和技术进步。Behaghel（2010）进一步研究发现，企业对低能力的员工在计算机上的培训较少，而对高能力员工这一方面的培训较多，再加上企业中高龄劳动力往往计算机能力水平较低，因而，高龄劳动力的生产效率会受到极大的影响；第二，企业整体创新能力下降。Rouvinen（2002）分析了芬兰生产部门中员工在产品创新和生产过程创新的数据得出，员工的平均年龄越高，生产部门这两个环节创新的可能性越小。Schneider（2008）对德国生产企业中雇主和雇员的数据进行分析后发现，劳动力的年龄结构和技术创新之间存在"倒U形"关系，当企业员工中高龄劳动力所占比重增大到超出某一比例时，企业的技术创新水平会下降。Meyer（2009）在研究中发现，相比于年轻员工比例较大的企业，拥有更多高龄员工的企业采用新技术的可能性较小；第三，企业用工成本增加。Noda（2011）将企业中产品质量提高作为企业技术进步的衡量指标，经过研究后发现，随着人口老龄化程度加深，企业支付给研发类人员的工资增加，提高了企业进行研发的成本，导致企业研发动机减弱，进而影响企业对研发人员的招聘，最终对企业的创新和技术进步产生消极影响；第四，企业劳动力结构老化会阻碍企业技术进步。Ilmakunnas（2004）把全要素生产率指数作为企业效率的衡量指标，检验了人口老龄化与企业效率的关系，得出的结论是人口老龄化对企业效率有消极影响。进一步地，他采用芬兰企业的面板数据检验企业生产率与年龄、资历以及受教育程度之间的关系，经过分析后得出，企业生产效率在员工平均年龄 40 岁时达到峰值。当员工平均年龄低于 31 岁时，全要素生产率指数随着年龄增长上升很快，31 岁到 40 岁时，全要素生产率指数虽然随着年龄增长仍然上升，但上升速度变慢，而到了 43 岁之后，全要素生产率值随着年龄增加而下降。由此可以看出，企业中 43 岁以上员工的比例增加对企业效率和技术进步有不利影响。Prskawetz 等（2006）研究发现年龄与劳动生产率呈现"驼形"关系，驼峰在 30~49 岁，如果企业中 49 岁以上的员工比例较大，则会对企业的生产效率产生负面影响。Malmberg（2008）研究发现，如果不考虑企业的异质性，企业生产效率与企业中年轻员工的比重正相关，与高龄员工的比重负相关。

已有文献通过理论建模和实证检验研究了人口老龄化对国家整体上技术进步的负向影响。胡伟略（1991）从宏观和微观角度分析了人口老龄化和技术进步之间的关系。从宏观角度看，老年抚养比上升对技术进步没有显著影响，但如果劳动人口的抚养负担过重会阻碍其科技创新和经验积累，从而不利于技术进步。随着人口老龄化程度加深，用于社会保障的支出增加，对科技支出形成挤出效应，从而阻碍宏观技术进步。Lancia（2009）通过构建三期世代交叠模型证明，人口老龄化背景下，预期寿命的延长使得年轻劳动力倾向于支持新技术的研发，而老龄人口由于受到寿命的限制，享受研发的预期收益较低，因而倾向于反对新技术的研发。另一方面，随着老龄人口增多，国家的养老负担加重，政府用于医疗养老等方面的财政支出增加。在国家税率和劳动力退休年龄不变的情况下，社会保障支出的增加容易形成对教育和研发的挤出效应，但教育和研发是技术进步的必备条件，从这一角度看，人口老龄化程度加深会阻碍技术进步。康建英（2010）采用 1983—2007 年我国 28 个省份的面板数据实证研究发现，不同年龄的人力资本对全要素生产率的贡献不同，低年龄组（14~24岁）和高年龄组（55~64岁）的劳动力对全要素生产率的贡献为负，因此认为老年劳动力对技术的追赶不足。Gonzalez-Eras 等（2012）通过构造世代交叠模型研究发现，当一个国家进入人口老龄化社会后，如果政府仅调整税率和政府支出，而不延迟退休年龄，则社会保障费用上升，对政府公共投资形成挤出效应，从而不利于技术进步。郭瑞东和赵令锐（2017）首先利用 DEA-Malmquist 指数法对中国各省份的全要素生产率及其分解因素进行测算，然后实证检验人口老龄化对全要素生产率的影响效应，最后深入分析人口老龄化对全要素生产率的影响原因。根据研究结果提出弱化人口老龄化对技术进步负面效应的建议。

（三）人口老龄化对技术进步的非线性影响

杨杰和罗云（2015）以专利数量代表技术创新，采用1999—2013年我国省际面板数据得出的结论是，人口老龄化没有影响技术创新。值得注意的是，采用专利数量作为衡量技术进步的指标过于单一，会对研究结果造成一定影响。姚东旻（2015）通过梳理实证类文献发现，创新和年龄结构之间存在"倒 U 形"关系，这一结论得到个人、企业和国家层面的证据支持。从个人角度看，30~50岁是创新出现的高峰年龄阶段，年轻人容易在知识密集型领域实现创新，而在经验依赖型领域，创新出现的高峰相对较晚；从企业角度看，创新高峰一般出现在30~40岁的员工群体中；从国家角度看，40~49岁的劳动力对全要素生产率的贡献最大。王笳旭和王淑娟（2017）采用1997—2014年我国省际面板数据，对人口老龄化是否通过要素禀赋结构转变影响科技创新进行实证研究，检验结果表明，人口老龄化可以促进经济向劳动节约型技术进步转变，通过改变资本—劳动要素结构和人力资本推动科技创新。此外，人口老龄化对科技创新的影响具有人力资本异质性。

综合已有研究可知，对于人口老龄化对技术进步的影响究竟是正向还是负向也仍然存在争议。基本上，关于这一问题也形成了三种观点。第一种观点认为，人口老龄化带来的劳动力数量减少迫使企业和国家加大研发投入，反而促进了技术进步；第二种观点认为，人口老龄化导致家庭和国家的养老负担加重，这挤出了私人和公共人力资本投资和研发投入，不利于技术进步；第三种观点认为，人口老龄化对技术进步具有非线性影响。综上所述，虽然已有文献关于人口老龄化对技术进步的影响已做了一些理论和实证的分析，但是对于人口老龄化作用于人力资本进而影响技术进步的理论机制分析还不够系统和完善。本研究在已有文献的基础上，从宏观和微观层面系统全面地分析人口老龄化对技术进步的理论作用机制，构建数理模型并采用门槛模型、中介效应模型和动态面板模型实证检验人口老龄化通过人力资本对技术进步产生的影响。

四、文献述评

对已有文献进行梳理后发现，国外由于进入人口老龄化社会的时间较早，人口老龄化相关的研究起步也较早。关于人口老龄化的起因即人口结构转变理论已经相对成熟，并且国内文献也分析了我国人口老龄化的特殊成因以及发展趋势。已有研究运用不同方法从不同角度和层面分析了人口老龄化对劳动力供给、进一步人口老龄化对人力资本的影响以及人口老龄化对技术进步的影响。毋庸置疑的是，人口老龄化会带来劳动年龄人口数量的减少，并且在现实中已经出现这一现象和趋势。与此同时，随着人口老龄化程度加深，高龄劳动力所占比例上升，劳动力结构老化等。这些人口老龄化对劳动力供给产生的负面影响已经成为共识。然而，目前关于人口老龄化对劳动生产率以及人口老龄化对人力资本的影响的文献由于选取样本和采用的方法不同，得出的结论并不一致,甚至大相径庭。关于人口老龄化对人力资本的影响,目前形成了三种观点。第一种观点认为,人口老龄化有利于人力资本投资增加,促进人力资本积累;第二种观点认为,人口老龄化挤出人力资本投资,不利于人力资本水平的提高;第三种观点认为人口老龄化对人力资本的影响呈现非线性的特征。众所周知,人力资本是推动技术进步的核心要素。综合已有文献,人力资本对技术进步的作用机制主要体现在:在生产过程中,人力资本具有不同于其他投入要素的边际报酬递增的优势,并且,人力资本所具有的"内在效应"和"外在效应"推动技术的创新、扩散和应用,此外,劳动力在生产过程中不断"干中学"也促进了生产效率的提高和技术进步。有鉴于此,综合上述已有研究的结论和关于人口老龄化对技术进步影响的文献可知,对于人口老龄化对技术进步的影响究竟是正向还是负向也仍然存在争议。基本上,关于这一问题也形成了三种观点。第一种观点认为,人口老龄化带来的劳动力数量减少迫使企业和国家加大研发投入,反而促进了技术进步;第二种观点认为,人口老龄化导致家庭和国家的养老负担加重,这挤出了私人和公共人力资本投资和研发投入,不利于技术进步;第三种观点认为,人口老龄化对技术进步具有非线性影响。综上所述,虽然已有文献关于人口老龄化对技术进步的影响已做了一些理论和实证的分析,但是对于人口老龄化作用于人力资本进而影响技术进步的理论机制分析还不够系统和完善。本研究在已有文献的基础上,从宏观和微观层面系统全面地分析人口老龄化对技术进步的理论作用机制,为下文的实证研究奠定理论基础。

已有的人口老龄化对技术进步影响的文献主要采用理论分析和实证检验的方法进行论证,相关的数理模型构建和推演的研究较为缺乏。从理论角度看,人口老龄化对技术进步的作用并不直接。一方面,结合已有文献可知,柯布道格拉斯生产函数和索洛经济增长模型是涉及劳动力和技术进步的常用理论模型。在柯布道格拉斯生产函数中，劳动力、资本和技术都是产出的投入要素，并且在此模型中技术是外生给定的。在索洛经济增长模型中，经济增长可以看作是劳动力、资本和技术进步共同推动的，相应地，可以分析出劳动力、资本和技术对经济增长的贡献。这两个模型均没有对劳动力和技术进步的关系进行具体阐释。另一方面，世代交叠模型（OLG模型）将个人生命分为两期：年轻时期和老年时期，整个经济社会包括具有生产能力的青年人和不具有生产能力的老年人，该模型可以用于研究实现社会福利最大化的青年人和老年人的消费路径。由于该模型涉及两代人，因此可以延伸用于推导人口老龄化的相关问题。综上，目前鲜有关于人口老龄化对技术进步影响的数理模型。有鉴于此，本研究将索洛模型和世代交叠模型（OLG模型）相结合，并把技术进步的核心要素——人力资本引入模型，综合构建人口老龄化通过人力资本作用于技术进步的数理模型，为下文的实证研究提供微观数理模型的理论基础。

已有的关于技术进步的文献中，衡量技术进步的指标主要有，研究与试验发展（R&D）、有效专利数量和全要素生产率，并且，已有文献在衡量技术进步时往往只采用R&D经费支出和R&D人员投入、专利数量或全要素生产率单一指标，其中，采用全要素生产率衡量技术进步更为常见。然而，值得注意的是，采用单一指标衡量技术进步并不能反映技术从投入、转化再到对经济增长贡献的全过程。例如，如果用全要素生产率作为技术进步的代理变量，通过实证检验后得出人口老龄化对全要素生产率的影响为正，据此得出人口老龄化促进技术进步的结论是较为片面的。因为从实际角度出发，人口老龄化程度加深会导致社保支出增加从而对研发投入形成挤出效应，采用单一全要素生产率指标衡量会忽视人口老龄化对技术进步的这方面影响。因而在技术进步衡量指标的选取上，本书从科研投入、科技成果转化和科技对经济增长的贡献三方面，采用R&D经费内部支出、R&D人员投入、有效专利数量和全要素生产率作为代理变量，尽可能较为系统地考察人口老龄化对技术进步的综合影响。

第三章

人口老龄化与技术进步的现状特征和变化趋势

按照联合国人口司制定的人口老龄化标准：一个国家65岁以上人口比重超过7%或者60岁以上人口比重超过10%即进入人口老龄化社会。按照这一标准，我国自2000年就已进入人口老龄化社会。2021年，我国65周岁以上老龄人口数量已超过2亿，老年抚养比高达20.8%。统计数据表明，2007—2017年十年间，我国60岁以上人口增加了8750万人，我国人口老龄化水平从11.6%增长至17.3%，增加了5.7个百分点。近年来，我国研究与试验发展（R&D）人员投入快速增加，研究与试验发展（R&D）经费内部支出呈现出"井喷式"增长的趋势，有效专利数量也在不断上升。从宏观趋势上看，人口老龄化程度不断加深的同时，科研投入和转化也在快速上升。本章主要定量描述了人口老龄化和技术进步的现状特征，分析了我国目前人口老龄化的特征和技术进步的趋势，旨在找到二者之间的宏观联系。

第一节 人口老龄化成因、现状与趋势分析

人口老龄化属于人口结构转变过程中出现的问题，人口结构转变由

出生率、死亡率和平均预期寿命变动决定。我国人口基数大、增速快，数据显示，我国人口总量从1949年的5.4亿增长到2022年的14.11亿①，同时人口结构变化巨大，其中人口老龄化问题逐渐突出。与日韩以及一些人口老龄化程度严重的欧洲国家不同的是，我国的人口老龄化问题具有特定的历史成因。新中国成立后的前30多年，我国人口结构主要受到经济波动的影响，1973年我国计划生育领导小组办公室成立，自1980年开始提倡"一对夫妻只生一个孩子"以后，我国开始实行严格的计划生育政策，这种强制性的政策使得我国的人口结构发生了急剧的转变，并产生了深远的影响。

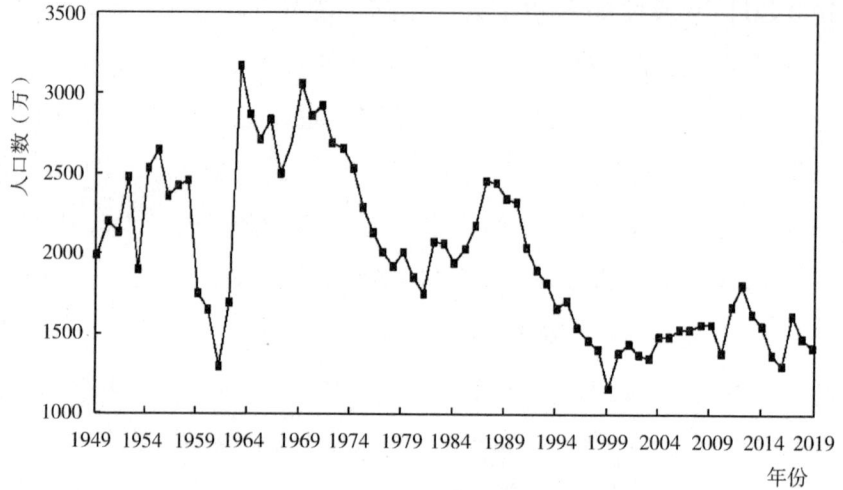

图3.1　1949—2019年新出生人口变化过程图
资料来源：本图根据1953—2010年的人口普查数据推算绘制。

---

①　数据来源：《中华人民共和国2022年国民经济和社会发展统计公报》，国家统计局2023年。

一、我国人口老龄化历史成因

新中国成立70多年以来，我国人口结构发生了巨大的变化。1949年少儿人口比例为35.79%，到2021年这一比例已经下降到17.47%；15~64岁劳动年龄人口从1949年的60.06%上升到2021年的68.33%；1949年65岁及以上老年人口的比例为4.15%，这一比例在2021年超过14.19%。不同年龄组人口比例的变化反映出新中国成立以来由于出生率下降和平均寿命延长带来的人口年龄结构的变化。人口年龄结构由"正金字塔形"转变为"非金字塔形"。

根据我国人口普查数据可以得出，我国共出现三次人口生育高峰。第一次高峰出现在1953年，从1949年开始一直持续到1958年，这一阶段累计出生人口达23119.28万人；第二次人口出生高峰是在1963年，这一年出现大幅度补偿性生育，这次出生高峰一直持续到1972年，在1967年出现过小幅度的波动，这一次人口出生高峰比上次高峰出生人口增加，累计出生人口达到28295.41万人；第三次高峰从1985年开始，一直持续到1991年，1986—1990年，累计出生人口11742.06万人，比起前两次人口出生高峰，第三次高峰的出生人口规模明显变小。

新中国成立以来也出现了出生人口的三次低谷。第一次出生人口低谷出现在1958年，持续到1962年，在这持续近四年的时间里，不仅出生人口数量大幅度减少，同时伴随着人口负增长；第二次出生人口低谷从1973年开始，一直到1983年，这一时期主要是因为开始逐步实施严格的计划生育政策，使得出生人口呈现"断崖式"下跌；第三次低谷从1992年开始，一直持续到2003年，这近十年人口出生率不断下降，育龄妇女人数减少，并且生育水平持续低于更替水平。

我国人口发展和结构转变受到强烈的政策干预和制度影响。一方面，我国的生育率水平下降超前于经济增长，同时具有人口结构转变快速的特点。20世纪70年代提倡少生以来，我国生育率开始受到人为干预的影响；20世纪80年代我国生育率水平主要受严格的计划生育政策影响；到了20世纪90年代，我国人口出生率受到政策和经济发展的双重影响。因此，政策调控对于20世纪后半叶我国人口出生率有着显著的影响；另一方面，我国人口死亡率的变化和新中国成立后的一些制度有关，20世纪50年代农村公共卫生体系建立，我国死亡率快速下降，平均寿命增加，人口预期寿命在50年代到70年代超过世界平均水平[1]。总之，我国人口结构70多年的变动是经济发展以及生育政策调整的共同结果。因为受到生育政策的外部干预，我国人口结构变化比较剧烈，由"金字塔形"快速转变为"橄榄形"，因此，人口老龄化问题也随之突出，并且人口老龄化的形势不断严峻。

二、我国人口老龄化现状特征与趋势

人口老龄化是对人口年龄结构特征变化的描述，衡量人口老龄化的指标通常有60岁以上老年人口比例、65岁以上高龄人口比例、老年抚养比以及平均寿命。根据历次人口普查数据及相应推算结果可以看出：（1）1984年前后，我国60岁以上老年人口所占比例已经达到8%；在1983年前后，65岁以上老龄人口所占比例达到5%，并且这一比例持续30多年；（2）从图中可以直观看出，新中国成立以来，前30多年我国人口老龄化变化平稳、增加趋势缓慢，到了后30多年，人口老龄化程度快速加深。近30多年以来，人口老龄化问题愈加突出和严峻；（3）从抚养比这一指标看，1979年以前，少儿抚养比占绝对优势，老年抚养比在12%左右，并且老年抚养比增幅不大，总体抚养比在70%以上；

---

[1] 新中国70年人口发展的主要特点 [EB/OL]. 世界人口网，2019-07-05.

但是在 1979 年之后，形势逐渐发生转变，少儿抚养比以较快的速度大幅下降，少儿抚养比在 2018 年下降至 23.7%[①]，近 70 年来少儿抚养比下降近 60%，足以看出少儿人口下降速度之快，与此同时，2018 年老年抚养比上升至 16.8%，近 40 年已由抚养少儿的绝对优势转变为扶养老人；（4）从总人口的平均年龄角度看，我国人口老龄化表现为平均年龄显著上升。在 1979 年以前，我国人口平均年龄小幅上升且增速缓慢，1979 年之后，我国人口平均年龄增长速度加快，近 70 年我国人口的平均年龄已由 25 岁左右上升到接近 40 岁。

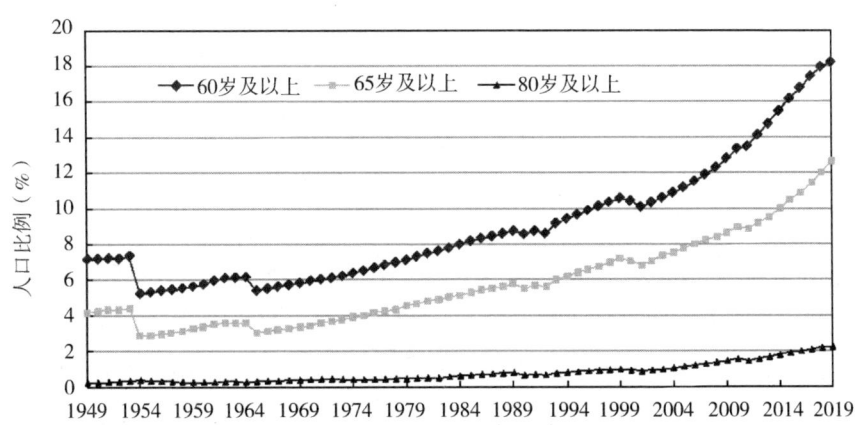

图 3.2　中国老年人口比例变化趋势

资料来源：作者根据 1953、1964、1982、1990、2000、2010 年人口普查和 2015 年 1% 人口抽样调查汇总数据推算绘制。

根据联合国经济与社会事务部发布的各国人口年龄看，我国的人口老龄化具有以下特点：一是"未富先老"，仍处在中低等收入水平时进入人口老龄化社会；二是人口老龄化速度快，我国目前人口老龄化速度已与公认的人口老龄化速度最快的日本相当；三是"城乡倒置"，受到

[①]　数据来源：2019 年《中国统计年鉴》。

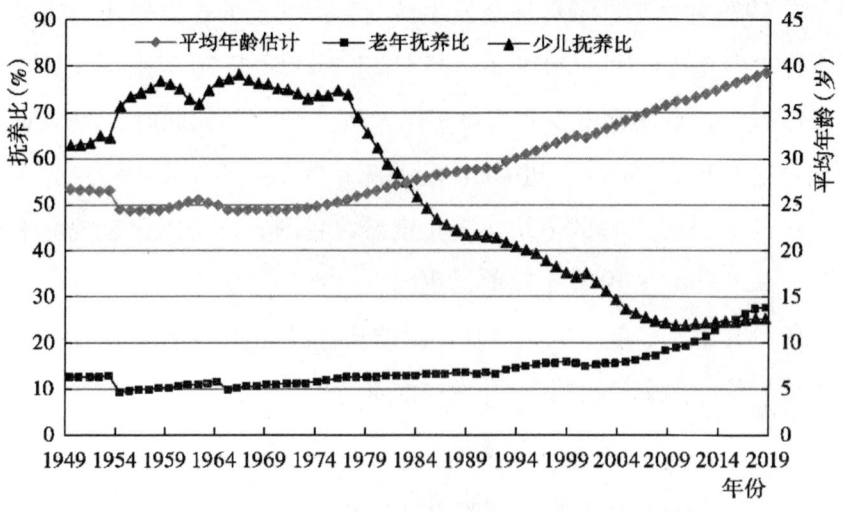

图 3.3 人口平均年龄与抚养比

资料来源：作者根据 1953、1964、1982、1990、2000、2010 年人口普查和 2015 年 1%人口抽样调查汇总数据推算绘制。

城镇化和农业剩余劳动力转移的影响，乡村的老龄人口数量超过城市的老龄人口数量；四是地区差异明显，我国幅员辽阔，地区间经济发展水平不尽相同，由此带来人口老龄化的区域异质性；五是性别差异明显，女性的人口老龄化速度快于男性，并且女性中老龄人口和高龄人口所占比重大于男性的相应比例；六是人口老龄化和家庭小型化相伴而生，随着家庭规模缩小，家庭的养老负担逐渐增加。

从总人口规模看，根据联合国经济和社会事务部 2019 年发布的《世界人口展望（2018 年修订版）》，我国总人口将在 2029 年左右迎来峰值，峰值人口规模近 15 亿。在此之后，我国人口将进入负增长，人口总规模也开始逐渐缩减，到 2100 年，我国人口总数预计 10 亿左右。从人口年龄结构看，未来我国人口年龄结构不断趋向老化，从图 3.4 中可以直观看出，我国人口结构"金字塔"底部和中部不断收缩，顶部不断壮大。即反映出少儿人口和青壮年人口比例不断减小，老年人比例

<<< 第三章 人口老龄化与技术进步的现状特征和变化趋势

不断增加，人口老龄化程度日趋深化。

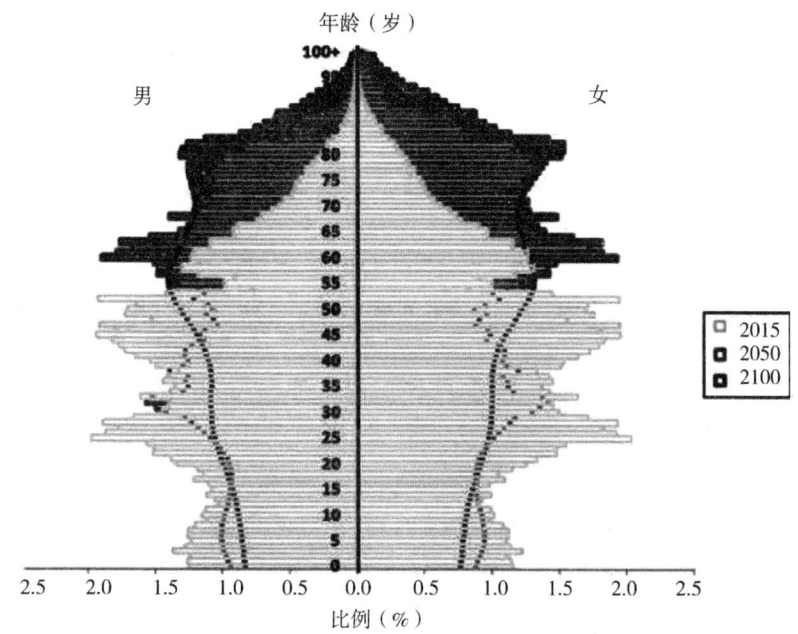

图 3.4　2015 年、2050 年、2100 年我国人口年龄金字塔变动趋势
资料来源：作者根据联合国经济和社会事务部 2019 年发布的《世界人口展望（2018 年修订版）》相关数据整理。

根据联合国经济和社会事务部给出的我国最新人口老龄化预测，到 2050 年，按照低方案预测的我国 65 岁以上人口占总人口比重达到 29.2%，按中方案预测的这一比重为 26.3%，按高方案预测的这一比重为 23.8%。不论是哪种方案的预测结果，到 2030 年，65 岁以上老龄人口将达到 2.46 亿，到 2050 年，这一数量将进一步增加至 3.59 亿。从人口老龄化规模和比例看，无论是哪种预测方案，我国人口老龄化规模在 21 世纪前半叶将以较快的速度上升，到了 21 世纪后半叶，我国人口老龄化速度开始趋缓，并且根据高方案预测的人口老龄化规模有小幅下降。（如图 3.5 所示）

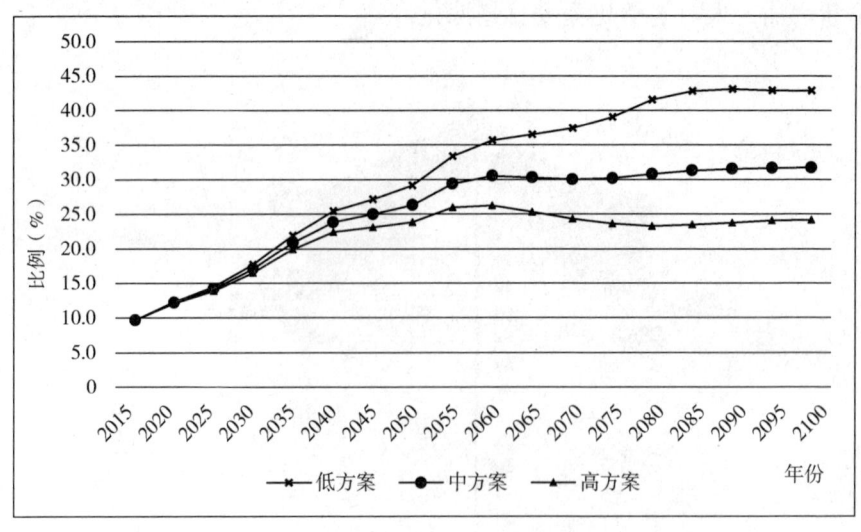

图 3.5　2015—2100 年不同方案下人口老龄化预测趋势图
资料来源：作者根据联合国经济和社会事务部 2019 年发布的《世界人口展望（2018 年修订版）》相关数据整理。高方案、中方案、低方案分别是根据高、中、低生育率水平预测的人口老龄化趋势。

我国少儿人口抚养比受生育政策影响，在 2025 年左右出现一个小高峰，但在此后这一比例不断下降，在 2060 年出现一个小的反弹，但很快又开始下降，在 2060 年以后直到 21 世纪末，少儿抚养比一直在 22% 左右小幅度波动。我国老年抚养比快速上升，并在 2055 年左右突破 50%。此后，老年人口规模不断缩减，老年抚养比也开始逐渐下降，到 2070 年，我国老年抚养比降至 46.67%，为 21 世纪最低值，在此之后又有小幅度上升，截至 21 世纪末，我国的老年抚养比为 56.32%。由于少儿抚养比和老年抚养比的变动趋势不一样，因此在不同时期，劳动年龄人口承受的抚养负担结构不同。在 2030 年之前，劳动年龄人口以抚养少儿人口为主，而 2030 年之后，老年抚养比开始超过少儿抚养比，并且以较快的速度增长，导致这二者的差距不断增大，在这一时期，劳动年龄人口以扶养老人为主，并且这一状况一直持续到21世纪末。综上，未来我国人口老龄化形势会愈加严峻。

第二节　我国研发投入与科技成果转化现状分析

在衡量我国技术进步时，本书综合考虑科研投入、科技成果转化以及科技对经济增长的贡献三方面，相应选取的代表变量为R&D经费内部支出、R&D人员投入、有效专利数量以及全要素生产率。其中，R&D经费内部支出、R&D人员投入用来衡量科研投入，有效专利数量用以衡量科技成果转化，全要素生产率用以衡量科技对经济增长的贡献。

一、全国与各地区研发投入现状描述与分析

自1992年以来，我国研究与试验发展（R&D）人员全时当量呈现上升趋势。1992年我国R&D人员全时当量为67.43万人年，到2017年已经增长到403.36万人年，25年的平均增长率为19.93%。我国R&D人员增速经历了三个阶段。第一阶段：1992—2003年，我国R&D人员全时当量增长速度较为缓慢，增速基本保持在10%以下，并且1994和1997年这一指标的绝对值在增加，但增速有所下降；第二阶段：在2004—2011年，增长速度较快，基本保持在10%~20%之间；第三阶段：2011年之后，这一指标的增速又逐渐放缓，并降低到平均增速之下。在R&D人员中，相比于从事基础研究和应用研究的人员，从事试验发展的人员所占比重最大，2017年试验发展人员为325.39万人年，占全部人员全时当量的80.67%，且其增速和增长趋势与R&D人员全时

当量大体一致，而基础研究和应用研究人员全时当量则在平稳中小幅上升（具体数值见附录1）。

各省份的研究与试验发展（R&D）人员全时当量显示出很明显的区域差异。根据我国科技统计年鉴数据显示，1999年研究与试验发展（R&D）人员全时当量最高的是北京市，为8.47万人年，江苏省次之，为5.55万人年；当年最低的是西藏自治区，为0.02万人年。可以看出省份之间研究与试验发展（R&D）投入差距非常大，相较而言，发达省市更为重视R&D的投入。2017年广东省的研究与试验发展（R&D）人员全时当量全国最高，为56.53万人年；这一指标位于全国前三位的是广东省、江苏省和浙江省，而北京这一指标下降到第五位，近20年来，广东省的研究与试验发展（R&D）人员全时当量增长速度较快，江苏省的这一指标一直保持在第二位的水平，2017年西藏自治区的研究与试验发展（R&D）人员全时当量仍位于最后一位。大体上，我国

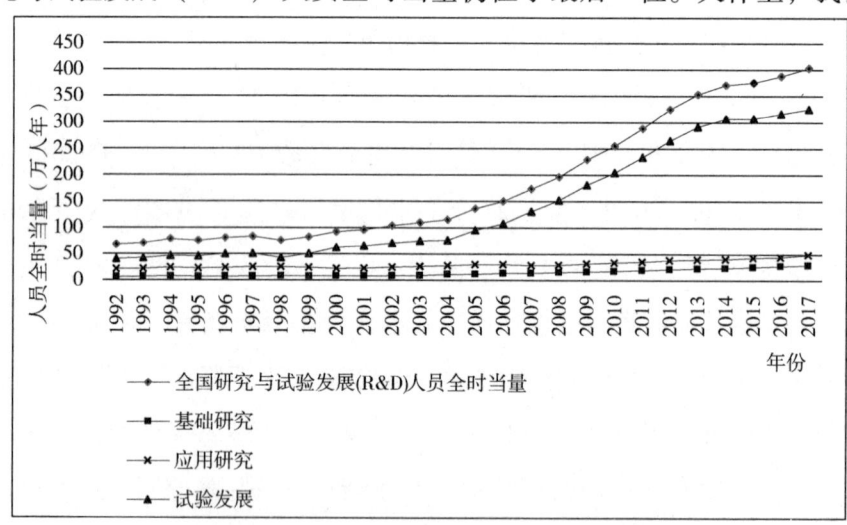

图3.6　1992—2017年全国研究与试验发展人员全时当量

资料来源：作者根据1993—2018年《中国科技统计年鉴》整理绘制。

研发与试验发展（R&D）人员投入呈现出由东到西的递减特征（具体数值见附录2）。

1995年以来，全国研究与试验发展（R&D）经费内部支出呈现出"井喷式"增长的趋势，甚至在多数年份快于R&D人员全时当量的增长速度。统计数据显示，中国的研究与试验发展（R&D）经费内部支出从1995年的348.69亿元增长到2017年的17606.13亿元，远远超过GDP的增长速度。与此同时，全国研究与发展（R&D）经费内部支出占GDP的比重也逐年增大（除在1996年有小幅下降），由1995年的0.57%增长到2017年的2.13%。在2012年以前，这一指标的增长速度基本保持在10%~20%，其中1997年增速降到10%以下，2013年和2014年全国研究与试验（R&D）的增速出现略微下降，随后这一指标增速又恢复到10%以上。与全国研究与试验发展（R&D）人员全时当量相似的是，用于试验发展的经费支出占R&D经费支出的比例最大，且以较快的速度增长，2017年试验发展的内部经费支出已经达到14781.43亿元，占全部经费内部支出的83.96%。并且，试验与发展经费内部支出的增长趋势与R&D人员全时当量相似。然而，基础研究和应用研究经费内部支出自从1995年以来增长较为缓慢，分别占R&D经费内部支出的5.54%和10.5%（具体数值见附录3）。

从全国各省份来看，1999年北京市研究与试验发展（R&D）经费内部支出最多，大约为121.61亿元；广东省和上海市的研究与试验发展（R&D）经费支出分别位于全国第二位和第三位；同年西藏自治区的这一支出最低，为944.2万元。与研究与试验发展（R&D）人员全时当量一致的是，广东省研究与发展（R&D）经费内部支出近20年也以较快的速度增长，到2017年广东省这项支出位于全国第一位，为2343.63亿元，由此可见广东省对研发的重视程度较高；同年该项支出位于广东省之后的是江苏省和山东省，分别为 2260.06 亿元和 1753.01 亿元；与此同时，西藏自治区这项支出仍然位于全国最后一位，仅为 2.86 亿元。对比各省份的研究与试验发展（R&D）人员全时当量和经费支出可以看出，自 1999 年以来，广东省在这方面的支出一直较多，虽然 1999 年广东省相关人员并不是最多的，但近 20 年一直大力引进人才，使得在 2017 年广东省研究与试验发展（R&D）人员全时当量上升为第一位（具体数值见附录 4）。

值得一提的是，全国各省份研究与试验发展（R&D）人员与经费支出还呈现出下述区域性特点：一般而言，地缘上邻近的省市研发人员投入和经费支出情况都相近，但也存在例外，如天津市紧邻北京市，但无论是研究与试验发展（R&D）人员全时当量还是经费支出都相差较大。由此可见，北京市科技发展并没有很好地辐射到周围省市。

从全国以及各省份研究与试验发展（R&D）研究强度看，自 2006 年以来，全国研究与试验发展强度总体上呈现缓慢上升趋势，在 2014 年和 2015 年出现小幅下降，随后又开始缓慢上升。但从绝对数来看，2006 年这一指标的绝对数值为 1.39，截至 2017 年，全国 R&D 研发强度也只有 2.13，总体水平仍较低。北京的研究与试验发展研究强度位于全国第一位，2017 年，北京的研究强度为 5.64，远远高于全国平均水平，其次是上海市，其研究强度为 4，与北京相差较小；同其他研究与试验发展（R&D）相关指标一样，西藏的研发强度居于全国最后的位置，2017 年西藏的研究强度仅为 0.22，与全国平均水平相差很大，从数据中可以清晰看出西藏研究与发展远远落后平均水平。

根据表 3.1，从 2002 年到 2017 年，以五年为一组看科技对经济增长的贡献可以发现，这一贡献率的绝对值是上升的。值得注意的是，虽然全国研究和试验发展（R&D）人员和经费支出均以较快的速度增长，

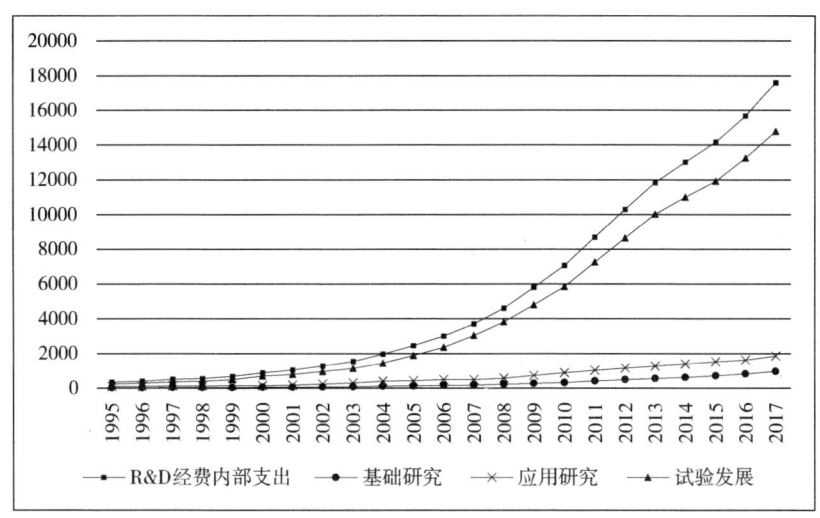

图 3.7　1995—2017 年全国研究与试验发展经费内部支出

资料来源：作者根据 1993—2018 年《中国科技统计年鉴》整理绘制。

然而科技对经济增长贡献率的增长速度与其并不匹配，并且这一贡献率的增速呈现不断波动的趋势。由此可以看出，在科技成果转化的过程中是存在效率损失的。已有研究已经关注到 R&D 资源配置效率低下的现象并对其做出阐释（Perkins，Rawski，2008；李宾，曾志雄，2009；武鹏，2013）。存在这一现象说明，研究与试验发展（R&D）人员和经费支出并不是投入越多，对技术进步和经济增长越有利，如果 R&D 资源配置效率低下容易造成资源的浪费（Olette，Forre，1998）。技术创新具有的外溢效应和扩散效应，使其性质介于私人物品和公共物品之间，因而存在公共物品中的"搭便车"问题，由此进一步带来两方面问题：一是技术研发者需要承担"搭便车"的损失；二是技术购买者需要承担价值不确定商品的风险（宋宇，1999）。这两个问题的存在都违背了资源配置最优的原则。程时雄和柳剑平（2014）对中国工业行业研究与试验发展（R&D）的投入产出效率进行分析得出，我国虽然大量投入 R&D 人员以及经费,但由于 R&D 资源配置效率低下,我国的技术水平并没有得到有效提高。

表 3.1 科技进步贡献率

时间	2002—2007	2003—2008	2004—2009	2005—2010	2006—2011	2007—2012	2008—2013	2009—2014	2010—2015	2011—2016
科技进步贡献率(%)	46	48.8	48.4	50.9	51.7	52.2	53.1	54.2	55.3	56.4

资料来源:1993—2018 年《中国科技统计年鉴》。

企业要想实现技术的创新与突破,并获得技术领先优势和市场地位,进行 R&D 投入是其必须选择的途径。由于 R&D 资源的稀缺性,其在企业、产业、地区的配置,决定了企业、产业、地区以及经济体的全要素生产率。长期来看,如果 R&D 资源能够得到最优配置,将最大化企业、产业、地区以及经济体的全要素生产率,反之,如果 R&D 资源错配,即 R&D 资源流向效率低下的企业,导致 R&D 资源不能最大程度得到利用,会造成资源的浪费,不利于产业以及地区全要素生产率的有效提高,甚至对经济增长造成负面影响。Hsieh 和 Klenow(2009)的研究指出,我国的 R&D 资源配置存在严重的浪费现象,如果将 R&D 资源全部配置到高效率的企业,则我国的全要素生产率将提升 40%。

自 1995 年以来,虽然我国的 R&D 经费支出以较快的速度增长,并且这项支出占 GDP 的比重也逐年上升,然而,我国的 R&D 经费支出占 GDP 的比重远远低于世界其他发达国家,同时也低于其他老龄化程度严重的国家。表 3.2 列出了我国和一些国家的 R&D 经费支出占 GDP 的比重。之所以选取这些国家是基于如下理由:美国作为世界第一大经济体，了解该国 R&D 经费支出占 GDP 的比重有助于找到我国在发展过程中与美国的差距，从而有针对性地弥补不足；根据 2018 年最新数据显示，日本、意大利和德国的人口老龄化程度是世界最严重的国家，这三个国家 60 岁以上人口占总人口的比重分别为 32.79%、28.59% 和 27.35%，65 岁以上人口所占比重分别为 26.02%、22.36% 和 21.12%[①]，列举这三个国家 R&D 经费支出占 GDP 的比重便于比较和观察人口老龄化与 R&D 经费支出之间是否存在某种关联；此外，虽然韩国 60 岁及以上人口占总人口比重不大，在世界的排名相对靠后，但该国的这一比重已经超过青少年人口（0~14 岁）占总人口的比重，人口老龄化形势严峻程度不容乐观。除此之外，韩国与我国的人口老龄化过程有很多相似之处：一是与发达国家人口老龄化呈现出的缓慢变化过程不同，中、韩两国的人口老龄化速度在近几年内急剧加快；二是除了人口结构自然变化的规律外，中、韩两国人口老龄化程度快速加深与实施的人口政策紧密相关，这两国都认为人口快速增长会抑制经济增长速度，因此采取了强制的政策手段使生育率迅速下降；三是严峻的人口老龄化形势带来的生育率下降和抚养负担加重的问题是两国都需要面对的难题。因此考察韩国 R&D 经费支出占 GDP 的比重可以直观看出我国在 R&D 经费投入上的差距。

在所选取的国家中，我国的 R&D 经费支出占 GDP 的比重偏低，但以较快的速度增长，近 20 年来这一比重由第六位上升至第五位。2010 年以前，日本的 R&D 经费支出占 GDP 的比重一直位于世界第一，而到了 2010 年之后，韩国超过日本位于第一。德国在 2007 年这一比值出现了爆发式的增长。美国、日本、意大利以及德国的 R&D 经费支出占 GDP 的比重均以相对稳定的速度缓慢增长，个别年份也出现了小幅下

---

① 数据来源：《世界人口展望》，联合国经济与社事务部 2019 年。

降。不同于美国、日本、意大利和德国,韩国的这一比值在这 20 年间以较快的速度增长,1995 年,韩国 R&D 经费支出占 GDP 的比重在这六国中排第三位,而到了 2016 年韩国这一比重已经达到 4.23%,在这六国中排第一位,并且韩国与中国这一比重的增长速度呈现出相似的趋势。

表 3.2　1995—2016 年各国 R&D 经费支出占 GDP 的比值

国家	中国	美国	日本	意大利	德国	韩国
1995	0.57	2.4	2.66	0.94	2.13	2.2
1996	0.56	2.44	2.77	0.95	2.14	2.26
1997	0.64	2.47	2.83	0.99	2.18	2.3
1998	0.65	2.5	2.96	1.01	2.21	2.16
1999	0.75	2.54	2.98	0.98	2.33	2.07
2000	0.89	2.62	3	1.01	2.39	2.18
2001	0.94	2.64	3.07	1.04	2.39	2.34
2002	1.06	2.55	3.12	1.08	2.42	2.27
2003	1.12	2.55	3.14	1.06	2.46	2.35
2004	1.21	2.49	3.13	1.05	2.42	2.53
2005	1.31	2.51	3.31	1.05	2.42	2.63
2006	1.37	2.55	3.41	1.09	2.46	2.83
2007	1.37	2.63	3.46	1.13	3.26	3
2008	1.44	2.77	3.47	1.16	2.6	3.12
2009	1.66	2.82	3.36	1.22	2.73	3.29
2010	1.71	2.74	3.25	1.22	2.71	3.47
2011	1.78	2.77	3.38	1.21	2.8	3.74
2012	1.91	2.71	3.34	1.27	2.87	4.03

续表

国家	中国	美国	日本	意大利	德国	韩国
2013	1.99	2.74	3.48	1.31	2.82	4.15
2014	2.02	2.76	3.59	1.38	2.89	4.29
2015	2.06	2.74	3.28	1.34	2.92	4.22
2016	2.11	2.74	3.14	1.29	2.93	4.23

资料来源：1996—2018年《中国科技统计年鉴》。

从全国各部门的研究与试验发展（R&D）经费支出来看，从2000年起，不管是企业、研究与开发机构还是高等学校，这项支出都以较快的速度逐年增加。从数据中可以直观看出，企业的研究与试验发展（R&D）经费内部支出较高于研究与开发机构和高等学校的该项支出，并且企业部门这项支出占所有部门R&D经费内部支出的比例呈递增趋势，而研究与开发机构的这项支出所占比重基本稳定在0.2~0.3，只有在2011年和2014年所占比重有较大程度增加。此外，高等学校的研究与试验发展（R&D）经费内部支出所占比例自2004年开始小幅下降，基本稳定在0.08~0.1（具体数值见附录5）。

二、我国科技成果转化现状分析

根据已有文献，科技成果通常有狭义和广义之分。广义的科技成果是指科技活动所产生的各类成果，包括科学论文、专著、原理性模型、发明专利、产品原型或原始样机等；狭义的科技成果专指在广义科技成果中具有商业实用价值，并且在短期内能够产生直接经济效益和市场价值的成果。相对应地，科技成果转化也有狭义和广义之分。广义的科技成果转化主要是指各类科技成果转换成生产力的过程；狭义的科技成果转化是指应用技术类成果向能实现经济效益的现实生产力的转化。本书采用广义的科技成果以及科技成果转化定义。

科技成果转化是将R&D投入和经济紧密结合的关键环节，对于支撑经济转型以及转换经济增长动能具有重要意义。近年来，我国在促进科技成果转化方面制定的政策取得了突破和进展。2015年8月29日通过的《全国人民代表大会常务委员会关于修改〈中华人民共和国促进科技成果转化法〉的决定》，对科技成果使用、处置和收益权中存在的政策障碍进行了破解；在2016年3月2日颁发的《国务院关于印发实施〈中华人民共和国促进科技成果转化法〉若干规定的通知》中明确了相应配套措施；2016年5月9日发布的《国务院办公厅关于印发促进科技成果转移转化行动方案的通知》中具体部署和安排了科技成果转化相关工作。

根据我国科技统计年鉴，自2007年以来，我国的有效专利绝对数量逐渐增加，从62.24万件增长到2017年的632.42万件；但是在整体上我国有效专利增长率却呈现逐年下降的趋势，且只有在2010年这一指标的增长率上升，2008年较上一年有效专利增长了48.42%，而从2014年开始，我国国内有效专利增长率基本保持在10.9%~18.85%之间，比前几年的专利增长率有较大幅度的降低。国内有效专利数量的区域差异非常明显，自2007年以来的近十年间，广东省的有效专利数量一直居全国首位，并且保持着较高的增长率，2007年广东省的有效专利数量就已经有12.30万件，远远高于其他省份，同年这一指标居于全国第二位的浙江省的有效专利数量为7.53万件，江苏省次之，为5.31万件。截至2017年，江苏省的有效专利数量超过浙江省，位于全国第二位，为80.94万件，却仍远低于广东省，2017年广东省有效专利数量已经达到116.57万件。

第三节 我国全要素生产率的估算与分析

全要素生产率主要用于衡量除劳动和资本投入以外的广义的技术进步等对经济增长的贡献。已有研究由于采用不同的方法以及不同样本对于全要素生产率进行估算,所得估算结果差异较大。不同于以往只讨论全要素生产率的估算,本书在估算全要素生产率时,综合考虑宏观(索洛模型)与微观[随机前沿生产函数法(SFA)、数据包络分析法(DEA)]估算方法、固定资本估算的准确性以及人口老龄化形势开始严峻的起始时间,选取了适用于本书研究的样本期以及全要素生产率的估算方法,从而为下文实证检验人口老龄化对技术进步的影响做了较为合理的铺垫。

关于全要素生产率的测算,目前学术界在微观领域较多地使用随机前沿生产函数法(SFA)和数据包络分析法(DEA),在宏观上则主要使用索洛模型进行核算。索洛模型假定技术进步为希克斯中性以及生产是规模报酬不变的。即假定不存在技术进步的情况下,劳动力和资本存量每增加1%,经济增长也相应增加1%。但在实际经济生活中,技术进步是广泛存在的。正因为存在技术进步,才会使得经济增长一般大于劳动力和资本存量增长率的加权平均数,用经济增长率减去劳动力和资本存量增长率的加权平均数得到的就是索洛余值(全要素生产率)。索洛模型由于其结构简单、经济意义比较明显,同时与发达国家的经济现实较为吻合,在宏观领域受到学术界的推崇和应用。虽然索洛余值法计算全要素生产率还存在一些误差,但是这种方法仍是目前中西方在宏观计算上较为通用的核算方式,因此,本书根据索洛模型计算全国、地区以及各省市的全要素生产率。

设定生产函数为 $Y = A K^{\alpha} L^{\beta}$。其中，$\alpha$ 为资本产出弹性，表示资本在总产出中的比重；β 为劳动产出弹性，表示劳动在总产出中所占的比重，当 $\alpha + \beta = 1$ 时，生产的规模报酬不变。将生产函数取对数并对时间求导时，可得 $\frac{dLnY}{dt} = \frac{dLnA}{dt} + \alpha \cdot \frac{dLnK}{dt} + \beta \cdot \frac{dLnL}{dt}$，则全要素生产率的计算公式为 $TFP = \frac{dLnA}{dt} = \frac{dLnY}{dt} - \alpha \cdot \frac{dLnK}{dt} - \beta \cdot \frac{dLnL}{dt}$。其中，$\frac{dLnY}{dt}$ 为经济增长率，$\frac{dLnK}{dt}$ 为资本增长率，$\frac{dLnL}{dt}$ 为劳动增长率。

一、指标说明与资料来源

本部分的数据主要来源于《中国统计年鉴》、各省市历年统计年鉴以及 EPS 数据库。在数据选择上，本书采用全国 29 个省市的数据。由于西藏自治区数据缺失过多，本书样本中剔除了该地区相关的数据。因为本书采用永续盘存法测算固定资本存量，并且在 1993 年之后国家统计局才公布了历年固定资本投资价格指数，这是本书时间上选择 1993 年作为估算资本存量的基期原因之一；选择 1993 年作为基期的另一个原因在于，理论上讲，选择不同年份开始计算资本存量会导致最后的计算结果存在差异，然而随着初始资本存量逐渐折旧以及每年投资量的不断增加，由不同起始年份带来的资本存量的差距在逐渐减小。根据吴国培和王伟斌（2014）的研究，以 1952 年 0.8 倍和 3 倍资本产出比为例，与这两者相对应的资本存量差距在同年达到 3.75 倍，但是在 1978 年时这一差距已经缩小到 0.07，再到 1993 年时这一差距进一步缩小为 0.02。同时根据已有研究，1952 年我国的资本产出比在 1.4~2.0 之间，按照这一资本产出比，不同初始假设导致的资本存量差距为 0.43，这一差距在1978年降低至0.02，到1993年时差距基本消失。综合以上两个原因，本书选取1993年作为资本存量估算的起始期。重庆在1997年才成为直辖市，因而将重庆市的相关数据也做剔除处理。综合上述因素考虑，结合本书其他样本数据的时间跨度，本部分测算2003—2017年全国29个省市的全要素生产率。

（一）GDP增长率和劳动力增长率

这两个指标的数据易于获得且处理较为简单，根据历年中国统计年鉴和各省市的统计年鉴可以计算出全国以及各省市的GDP增长率和全社会从业人员增长率。其中值得说明的是，GDP已结合历年价格指数换算成实际值，即GDP增长率是剔除价格因素之后的实际增长率。从业人员数据用的是年平均人数，即以年初和年末从业人员的算术平均数计算。

（二）资本增长率

目前学界常用的投资流量指标有两种，分别是固定资本形成总额和全社会固定资产投资。结合现实经济社会可知，我国在投资过程中存在着较大的粗放性，若采用全社会固定资产投资可能会造成我国固定资本存量虚增的结果，通过对比统计局公布的固定资本形成总额和全社会固定资产投资的数据也可以看出，在2000年以后，我国全社会固定资产投资明显多于固定资本形成总额。因此本书选用固定资本形成总额作为投资流量基础数据。此外，本书中使用的资本指标是存量而不是流量，且是物质资本而不包含货币资本，由于资本服务量较难估计，因此一般采用估计固定资本存量增长速度近似代替资本服务量增长速度。因为我国目前还没有开展固定资本存量的核算工作，一般全社会固定资本存量采用永续盘存法进行估算：

$$K_t = I_t + (1 - \delta)K_t - 1 \qquad (3.1)$$

其中，K_t为t年的固定资本存量，I_t为t年的固定资本形成总额，δ为固定资本的折旧率。在进行加总时，对历年的固定资本形成总额剔除价格因素换算成以1993年为基期的实际固定资本形成总额。以1994年固定资本投资价格为例说明实际固定资本投资的计算，具体的计算公式如下：

1994年实际固定资本投资＝1993年实际固定资本投资×1994年固定资本投资价格指数（上年＝100）/100

参考财政部《国有企业固定资产分类折旧年限表》，假设建筑安装工程投资以及设备和工器具投资的平均使用年限分别为38年以及16年。此外，我国的法定残值率为3%~5%，在本部分的计算中取残值率为4%。在上述假定下，可以估算建筑安装工程投资以及设备和工器具投资的折旧率分别为8.12%和18.22%。因为其他费用投资更多地是依附于以上两种投资，因此其他费用投资的折旧率无须单独计算。考虑建筑安装工程投资以及设备和工器具投资在全社会固定资产投资中所占的比例分别为73.19%和26.81%，结合这一比例可以得到我国固定资本形成总额的折旧率约为10.83%。我国各省份固定资本存量估算具体结果见附录6。

（三）劳动和资本产出弹性

测算劳动和资本产出弹性的方法主要有：经验法、份额法以及回归法。经验法是指学者依据主观判断确定要素的产出弹性，因为是学者的主观判断，因此不同学者给出的要素产出弹性不同，由此得出的全要素生产率也大相径庭。份额法是利用劳动和资本投入在总产出中所占的份额近似表示劳动和资本产出弹性，这种方法操作起来简单明了，但是份额法含有规模报酬不变、利润最大化以及完全竞争市场的假定。许多研究中采用回归法估算劳动和资本产出弹性。回归法估计要素的产出弹性相较于经验法和份额法更客观准确些，因此本书采用回归法估算劳动和资本的产出弹性。采用回归法估计的基本模型为：

$$y_{it} = \gamma 0 + \alpha k_{it} + \beta l_{it} + \alpha_i + \varepsilon_{it} \qquad (3.2)$$

其中，y_{it}表示实际产出，k_{it}表示资本投入，l_{it}表示劳动投入。ε_{it}为残差项。采用个体固定效应模型进行估算相较于一般的 OLS 回归法的优点在于引入了研究目标的虚拟变量。这种方法可以解决在估算过程中存在的内生性问题，从而获得对待估参数的一致无偏估计。

二、我国全要素生产率主要估算结果与相关分析

（一）全国及地区劳动与资本产出弹性估算结果

表 3.3 列出了全国及地区劳动与资本产出弹性。从表 3.3 中可以看出，不论是全国还是分区域，资本产出弹性均高于劳动产出弹性。说明资本占产出的份额大于劳动力占产出的份额。全国劳动产出弹性为 0.3038，并且这一结果在 1% 的水平下显著，全国资本产出弹性为 0.5418，且这一结果也在 1% 的水平下显著。在全国的不同地区，西部地区的劳动产出弹性最大，为 0.2674，东北地区的劳动产出弹性最小，为 0.2187；资本产出弹性最大的是东部地区，为 0.6507，最小的是中部地区，为 0.5709。

表 3.3 全国及地区劳动与资本产出弹性

	全国	东部	中部	西部	东北
劳动产出弹性	0.3038*** （0.0592）	0.2499** （0.0943）	0.2596*** （0.0363）	0.2674** （0.0670）	0.2187*** （0.8129）
资本产出弹性	0.5418*** （0.0387）	0.6507*** （0.0572）	0.5709*** （0.0642）	0.5878*** （0.0398）	0.6225*** （0.2147）

注：括号内为参数的标准差。*、**、***分别表示在 10%、5% 和 1% 的水平下显著。

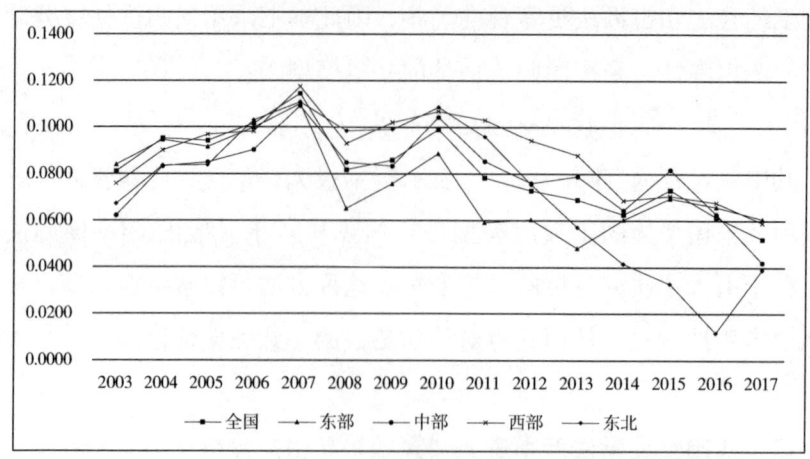

图 3.8　2003—2017 年全国及地区全要素生产率趋势图
资料来源：作者根据本书全要素生产率估算结果绘制。

（二）全国及各地区全要素生产率估算结果

根据估算结果可得，从整体上看，全国和各地区全要素生产率都呈现出波动下降的趋势。在 2006 年和 2007 年，全国全要素生产率有小幅度上升，达到近 15 年的最高值，为 0.1146，随后开始下降，2010 年出现一次小的上升，为 0.0991。2010 年之后又逐渐下降。截至 2017 年，全国全要素生产率为 0.0522，相比 2007 年的最高值下降了 0.0624。在东部、中部、西部和东北地区，全要素生产率近 15 年来一直保持在较低水平的是东北地区，2017 年东北地区的全要素生产率仅为 0.0390，比东部地区的全要素生产率低 0.0217。2007 年之前，相比其他地区，东部地区的全要素生产率一直保持在较高水平，在 2007 年东部地区的全要素生产率为 0.1102。2007 年之后，东部地区的全要素生产率开始逐渐下降，在 2008—2013 年，东部地区的全要素生产率相较于其他地区位于最后。中部地区近 15 年的全要素生产率水平较为稳定，基本维持在 0.07~0.1 的水平上，与全国其他地区一样，中部地区的全要素生产率在2017年也出现大幅下降，降为0.0421。与全国其他地区相比，西部地区的全要素生产率在近15年内波动幅度是最小的，2007年，该地区全要素生产率达到最高值，为0.1176；2017年，该地区这一指标也降低至近15年最低，为0.0591（具体的全国及各地区全要素生产率估算结果见附录7）。

总体上看，西部地区的全要素生产率比东部地区略高。可能的原因在于，东部地区资本深化速度比西部地区快，东部地区每个劳动力平均拥有的资本比西部地区多，并且东部地区固定资本增长率比西部地区快，因而资本投入对经济增长的贡献度较高，相应地，东部地区的全要素生产率就比西部略低了。随着资本的深化，产量会增加，但是二者并不是成比例地增加，同时，资本产量比会上升（萨缪尔森，诺德豪斯，1992）。

（三）全国及各地区全要素生产率对经济增长的贡献分析

通过估算我国2003—2017年全要素生产率对经济增长的贡献可以得出，近15年来，我国全要素生产率对经济增长的贡献并非直线上升或者下降，而是呈现不断波动且小幅上升的趋势。并且全要素生产率对经济增长的贡献比劳动和资本投入对经济增长的贡献大。我国全要素生产率对经济增长的贡献基本保持在60%～80%，2003—2007年，我国全要素生产率对经济增长的贡献不断上升，2007年这一贡献达到78%；从2007年到2014年，我国全要素生产率对经济增长的贡献基本保持在70%左右；2015年我国全要素生产率对经济增长的贡献达到近15年最高值，为95%，即在2015年经济增长主要归因于全要素生产率，对这一现象可能的解释是，随着供给侧结构性改革的不断推进，全国去产能、去库存逐渐有了明显的成效，全社会对固定资本投资较为谨慎，因此全要素生产率对经济增长的作用凸显（具体我国全要素生产率对经济增长贡献率的估算结果见附录8)。

比较我国不同地区的全要素生产率对地区经济增长的贡献可得，2003—2007年之间，东部地区全要素生产率对经济增长的贡献相较其他地区略微明显，2007年东部地区全要素生产率对经济增长的贡献为75%，2008年、2011年以及2013年东部地区全要素生产率对经济增长的贡献出现小幅下降，其他年份则基本保持在70%~80%。2015年东部地区全要素生产率对经济增长的贡献达到近15年最高，为87%，且2017年东部地区全要素生产率对该地区经济的贡献比中西部和东北部地区相应贡献大，达到85%。中部地区2015年劳动力出现负增长，因此该地区这一年的全要素生产率对经济增长的贡献为1.01。中部地区近15年全要素生产率对经济增长贡献的波动情况与全国整体趋势相近，2017年，这一指标值为53%，为全国所有地区中最低。2003—2017年西部地区全要素生产率对经济增长的贡献波动幅度较小，基本在0.7~0.8。2015年和2016年西部地区全要素生产率对经济增长的贡献为近15年最高，为86%。2017年，西部地区这一指标为81%，仅低于东部地区，高于中部和东北部地区。东北地区在2003—2017年全要素生产率对经济增长的贡献也较为稳定，同样保持在0.7~0.8。2016年西部地区全要素生产率对该地区经济增长的贡献为55%，为近15年最低水平。2017年这一指标值又升高至76%（具体我国各地区全要素生产率对经济增长贡献率的估算结果见附录8)。

（四）进一步分析：不同生产要素对经济增长贡献率

进一步地，本部分估算了我国劳动、资本和全要素生产率对经济增长的贡献。需要对该表中一些数据做出的说明是，附录9中GDP增长率、劳动力增长率和资本存量增长率是根据各省市相关数据汇总并计算所得，因而与全国数据的相关核算结果存在合理的误差。如2017年经过汇总各省市的实际 GDP 得到的增长率为 7.18%，但是同年全国核算的实际 GDP 增长率为 6.9%，二者相差 0.28 个百分点（具体估算结果见附录 9）。

从估算结果可以看出我国经济增长属于资本和技术双重推动型。自 2003 年以来，我国劳动投入对经济增长的贡献基本保持在 20% 以下，只有在 2011 年，劳动力对经济增长的贡献高达 24.72%。2003 年，我国资本投入对经济增长的贡献为 49.41%，在 2003 年以后资本投入对经济增长的贡献呈现波动下降趋势，2017 年资本投入对经济增长的贡献已降为 34.27%，较 2003 年降低了 15.14%；除了在 2016 年我国资本投入对经济增长的贡献在 27.59% 以外，其余年份资本投入对经济增长的贡献都在 30% 以上。2003—2017 年全国全要素生产率对经济增长的贡献呈现波动上升的趋势，基本保持在 65% 以上，大多数年份全国全要素生产率对经济增长的贡献在 70% 以上。在 2015 年，全国全要素生产率对经济增长的贡献高达 94.7%，同年资本投入对经济增长的贡献为 30.44%，由于这一年全国劳动力增长率为负，导致由劳动力增长对经济增长的贡献度为负。有鉴于此，可以认为，自 2003 年以来，我国经济增长主要由资本投入和全要素生产率双重推动。

值得一提的是，我国资本投入对经济增长的贡献一直较高，这与我国所处的阶段有一定程度的关系。我国工业化和城市化进程在近几十年不断加快，促进资本投资增长和资本的深化，因此我国经济增长对资本的依赖程度还会一直处于较高的水平。另外，从附录 9 中也可以看出，劳动对经济增长的拉动作用在近 15 年呈现波动下降的趋势。自 1993 年起，就业人数增长率开始逐渐下降，相应地，劳动投入对经济增长的贡献也随之下降。2000 年以后，随着农村剩余劳动力转移速度放缓，劳动力增长对经济的拉动作用开始进一步降低。

（五）我国各省份全要素生产率估算结果分析

通过对我国各省份2003—2017年全要素生产率进行估算发现，从整体上看，我国各省份全要素生产率在2003—2017年都呈现不断波动的趋势，并不是一直上升或者下降，个别省份在个别年份出现全要素生产率为负的情况。近15年来，各省份全要素生产率平均值较高的省份是天津市、山东省和四川省，而同时期全要素生产率平均值较低的省份是新疆维吾尔自治区，这一指标值为0.0649。其他省份在2003—2017年的全要素生产率的平均值基本在0.07~0.08。北京市2007年的全要素生产率达到近15年最高水平，为0.1081，但是在2006年，北京市的全要素生产率却出现负值，2006—2008年北京市这一指标波动幅度较大。天津市2003—2010年全要素生产率一直保持在0.1以上的较高水平，并于2010年达到最高水平，为0.1496，在2011年天津市全要素生产率有较大幅度的下降，随后又上升，2017年这一指标值降至近15年来最低，为0.0411。新疆维吾尔自治区的全要素生产率较低，多数年份维持在0.06~0.07，该地区2011年全要素生产率为近15年最低水平，仅有0.0443。此外，以下省份在个别年份均出现过全要素生产率为负的情况。辽宁省在2016年全要素生产率为-0.019，上海市2011年全要素生产率为-0.0318，江苏省2013年这一指标为-0.0219，广东省2013年全要素生产率为-0.0037（具体我国全要素生产率估算结果见附录10）。

综合全国、各地区以及各省份全要素生产率以及其对经济增长贡献的数据可以分析出，在发达的省份和地区，由于固定资本增长率较快，且投资回报较高，由高的固定资本增长率和高资本回报率决定了资本对经济增长的贡献度较高，因而发达省份（如北京、上海）和地区（东部地区）全要素生产率对经济增长的贡献度反而不高。不过，仍然值得一提的是，并不是所有发达省市都出现高经济增长与低全要素生产率对经济增长的贡献的现象，例如，山东省经济增长较快，同时该省的全要素生产率也较高。因而固定资本增速快、投资回报率高只能部分地解释一些发达省市高经济增长和低全要素生产率之谜，并不能完全解释并很好地与现实吻合，有待进一步探究。

在描述我国技术进步情况时，本书从科研投入到科研成果转化，再到技术对经济增长的贡献的脉络进行描述分析，系统分析得出我国科研投入和转化以及技术对经济增长贡献的过程中存在资源浪费的现象。从上文数据中可以看出，我国每年科研经费和科研人员投入量较为庞大且逐年递增，但是科技成果转化增长速度与其并不匹配，进一步地，技术进步对经济增长的贡献（全要素生产率）也没有预期明显，直观地说明我国在科技资源配置上存在不合理情况，并没有使得科技资源效率达到最大化，具体存在的问题有待做出进一步深入研究。

已有研究由于采用不同的方法以及不同样本对于全要素生产率进行估算，所得估算结果差异较大。不同于以往仅讨论全要素生产率的估算，本书在估算全要素生产率时，综合考虑宏观（索洛模型）与微观［随机前沿生产函数法（SFA）、数据包络分析法（DEA）］估算方法、固定资本估算的准确性以及人口老龄化形势开始严峻的起始时间，选取了适用于本书研究的样本期以及全要素生产率的估算方法，从而为下文实证检验人口老龄化对技术进步的影响做了较为合理的铺垫。

第四章

理论机制与模型构建

人口是经济社会的主体，人力资本是推动技术进步的核心要素。一般而言，年轻人的学习能力和创新能力较强，因而年轻型人口结构有助于推动技术进步。然而，在梳理人口老龄化、人力资本和技术进步的相关文献后发现，人口老龄化对人力资本和技术进步存在多方面的影响，不仅有负向影响，还存在积极作用。在定量描述和分析人口老龄化和技术进步的现状特征和变化趋势的基础上，本章从理论角度深入探讨人口老龄化通过人力资本作用于技术进步的内在机制，进一步地，在世代交叠模型（OLG模型）和索洛模型的基础上，引入人力资本，构建人口老龄化、人力资本和技术进步的数理模型，旨在为下文实证研究打下理论和模型基础。

第一节 人口老龄化通过人力资本影响技术进步的内在机制

本章以微观与宏观相结合的方式，从正向和负向作用渠道，较为全面和系统地分析了人口老龄化通过人力资本作用于技术进步的传导机制。人口老龄化作用于技术进步的关键路径在于人口老龄化对人力资本的影响。首先，人口老龄化带来劳动力供给绝对数量的减少，人力资本收益随之提高，进一步地，社会和家庭加大人力资本投资，人力资本在生产中发挥的"内部效应"和"外部效应"推动了技术进步。下文将具体分析人口老龄化通过人力资本作用于技术进步的理论机制。

一、人口老龄化对劳动力供给的综合影响

人口老龄化对劳动力供给带来的总体和直接影响体现在劳动力供给数量减少、劳动力结构老化、劳动参与率下降以及劳动生产率降低上。根据联合国标准，15~64岁的人口全部被视作劳动年龄人口。从2000年开始，我国劳动年龄人口占总人口的比重呈现逐年下降趋势，到了2015年，劳动年龄人口绝对数量开始全面下降。不仅如此，持续的低生育率造成0~14岁少儿人口比重逐渐下降，导致劳动年龄人口的"供给源"持续减少（如图4.1所示）。

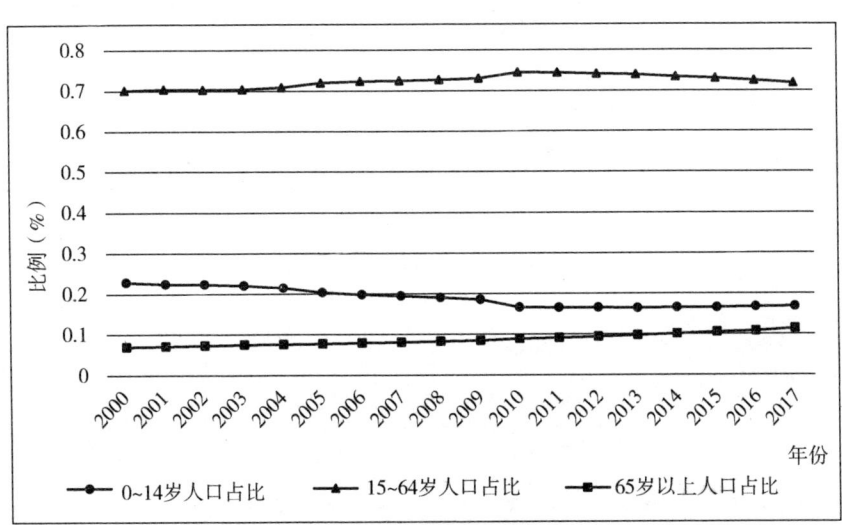

图4.1　2000—2017年不同年龄组人口占比图
资料来源：作者根据2001—2018年《中国统计年鉴》数据计算绘制。

（一）人口老龄化对劳动年龄数量的影响

首先，人口老龄化会直接且持续减少劳动年龄人口数量。人口老龄化对劳动力数量的影响从图4.1中已直观反映出来。根据联合国2017年人口预测，2030年是我国劳动年龄人口数量下降的转折点，在2030年之前，我国劳动年龄人口数量下降速度为1%~3%，2030年以后下降速度达到4%以上，2030年将开始出现15~64岁人口数量的大幅度下降。到2050年，我国劳动年龄人口供给总量将面临更严峻的形势，按不同生育率方案预测的劳动年龄人口规模分别约为7.46亿、8.15亿和8.84亿，是2015年劳动年龄人口规模的73%、80%、87%[①]（如表4.1所示）。总之，不论从现在看还是长远看，人口老龄化带来的劳动年龄人口数量减少的形势均不容乐观。

表4.1 不同生育率方案下15~64岁劳动年龄人口预测（千人）

时间	低方案	中方案	高方案
2015	1014777	1014777	1014777
2020	1002172	1002172	1002172
2025	995649	995649	995649
2030	973598	973598	973598
2035	915798	928118	940438
2040	852208	882085	911962
2045	802397	852347	902298
2050	745822	814862	883953

资料来源：作者根据联合国经济和社会事务部2018年发布的《世界人口展望（2017年修订版）》相关数据整理。

---

① 数据来源：《世界人口展望》，联合国经济和社会事务部2018年。

（二）人口老龄化对劳动力结构的影响

其次，人口老龄化增大了高龄劳动力所占比重，造成劳动力结构失衡。表4.2给出了各年龄段劳动人口的比重，可以看到，15~24岁人口比重在持续下降，尽管如此，由于九年义务教育的普及和受高等教育机会的增加，15~24岁人口并不属于真实劳动力供给主力军。25~44岁中青年劳动力正处于身体和精力都十分旺盛的时期，是劳动力市场的主要支柱，但这部分劳动力占比下降速度最快，且在2020年之后会低于45~64岁高龄劳动年龄人口所占的比重。反观45~64岁人口比重，却在连续上升，即使在2040年，降幅也非常有限。综上，不同年龄人口所占比重的变化反映出我国劳动力结构的持续失衡。

表4.2 中生育方案下各年龄段劳动人口占总人口比重（%）

时间	15~24岁人口	25~44岁人口	45~64岁人口
2015	13.04	31.97	27.63
2020	11.15	29.95	29.25
2025	11.12	28.43	29.65
2030	11.57	26.65	29.34
2035	11.52	23.44	29.78
2040	10.77	22.58	28.88
2045	10.04	22.93	28.16
2050	9.68	23.03	27.01

资料来源：作者根据联合国经济和社会事务部2018年发布的《世界人口展望（2017年修订版）》相关数据整理。

（三）人口老龄化对劳动力参与率的影响

再次，人口老龄化降低了劳动参与率。根据现有数据可以预测出老龄化对劳动年龄人口数量的直接影响，但劳动年龄人口并不代表真实劳动供给。人口老龄化对真实劳动供给的影响程度究竟有多大，还需要结合劳动参与率做测算。劳动参与率是指经济活动人口（就业者和失业者）占劳动年龄人口的比重。劳动参与率受很多因素影响，例如，受高等教育机会增多以及受教育年限增加导致低年龄组劳动参与率下降，家庭总收入水平上升可能会使部分女性劳动力自愿退出劳动力市场。

随着人口老龄化日趋严峻，由其导致的劳动参与率下降已不容忽视。一般而言，不同年龄阶段劳动参与率不同。低年龄组劳动力大多处于受教育阶段，因而劳动参与率较低；中青年劳动力往往是家庭支柱，劳动参与率较高；高年龄组劳动参与率又逐渐下降。图4.2反映了中国劳动参与率与年龄结构之间呈"倒U形"关系。从图中可以看出25~45岁是劳动力的劳动参与率最高的时期。然而，对比2000年和2010年分年龄劳动参与率可以看出，随着义务教育的普及和接受教育的年限增加，2010年16~24岁年龄组劳动力的劳动参与率较2000年有明显下降。

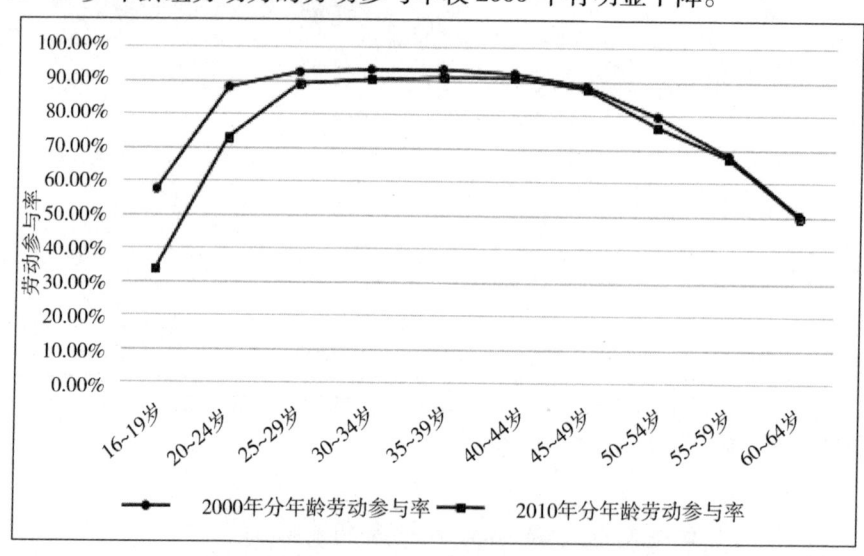

图4.2 2000年和2010年分年龄劳动参与率

资料来源：作者根据中国第五次和第六次人口普查数据整理绘制。

具体地，本部分借鉴彭秀健（2006）年龄结构分解方法，将所有年龄组总劳动参与率分解为年龄结构因素和分年龄劳动参与率：

$$LP_t = \sum s_{it} LP_{it} \qquad (4.1)$$

其中，LP_t 表示 t 年劳动参与率，s_{it} 表示在 t 年年龄组 i 人口占总劳动年龄人口比重，LP_{it} 表示 t 年年龄组 i 的劳动参与率。假设 2050 年各年龄组劳动参与率不变，通过对联合国预测的各年龄组人口比重进行分解，可以计算出到 2030 年，由人口老龄化引起的劳动参与率的变化，2030 年劳动参与率比 2015 年下降 2.5%，到 2050 年劳动参与率将下降到 73.98%，降幅达到 3.19%。

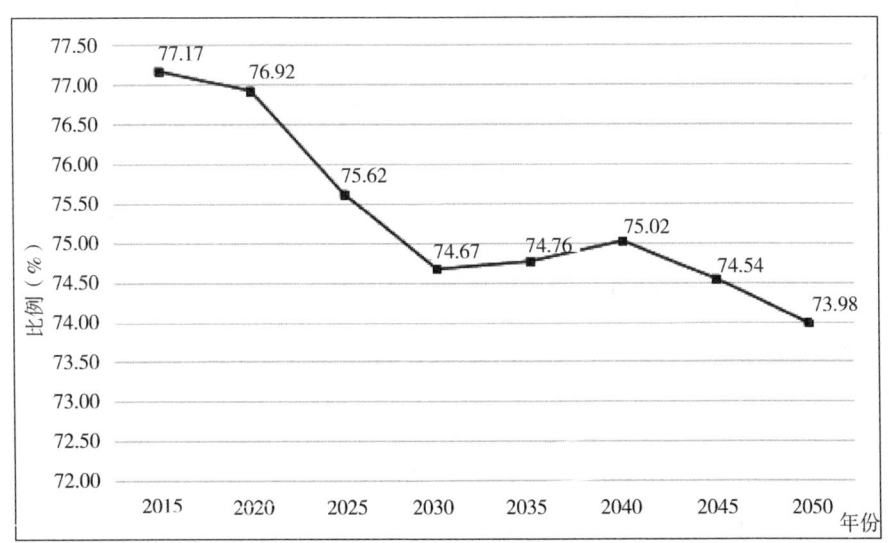

图 4.3　2015—2050 年劳动参与率预测图
资料来源：作者根据 2000 年和 2010 年人口普查数据测算绘制。

（四）人口老龄化对劳动生产率的影响

最后，劳动力老化还会降低劳动生产率。Verhaeghen 和 Salthouse（1997）对 91 项关于认知能力和年龄的测试进行综合分析后得出，个体的情景记忆能力、快速记忆能力和推理能力在50岁之前会随着年龄增长不断下降。具体表现在，高龄劳动力反应速度和灵敏度都较差，对新知识存在一定程度的抗拒，学习并运用新技能速度慢；加之劳动力身体素质随着年龄增加而下降，高龄劳动力生病概率上升，就医频率增加，也会导致劳动生产率降低。因而，随着人口老龄化程度逐渐加深，整体劳动生产效率会下降。

二、人口老龄化对人力资本的作用机制

人口老龄化对人力资本积累的影响既与个人和家庭有关，也与国家发展有关，并且，人口老龄化对人力资本积累的作用机制较为复杂，不能简单归结于有利或不利影响。生命周期理论认为少儿和老年时期没有收入，此时是负储蓄，青壮年时期通过工作获得收入，此时有正储蓄。根据这一理论，随着人口老龄化程度加深，家庭和国家的养老负担加重，会挤出教育投资，从而不利于人力资本积累。内生经济增长理论认为，人力资本是经济增长的重要源泉。人口老龄化会导致劳动年龄人口数量减少，人口数量红利消失，反而有利于企业和政府增加人力资本投资，从长期来看，有利于激发人力资本水平提高，最终产生劳动力质量换劳动力数量的效果。人力资本投资来源主要包括两个方面，一是个人在教育、培训、医疗保健等方面的投入；二是国家在相关方面的投入。下文将从这两个方面具体探讨人口老龄化对人力资本积累的作用机制。

（一）人口老龄化对个体人力资本积累的作用机制

人口老龄化对个体人力资本积累正向作用机制体现在以下几个方面。结合人口老龄化的成因，即生育率下降和预期寿命增加，人口老龄化对个体人力资本积累的作用可以从以下两点进行分析。第一，从生育率降低角度看，一方面，人们"养儿防老"的意识逐渐淡薄，由此强化了人们对未来自我负担老年时消费的预期，为在退休前获得更多的积蓄，处在劳动年龄的人口会有意识地提高自己的劳动熟练程度和各项技能，从而促进人力资本积累。另一方面，生育率下降使得家庭在保障少儿基本生存方面的物质支出减少，在知识经济时代，家庭对少儿教育的投资会不断增加，个体人力资本随之提高和积累。

第二，从预期寿命延长角度看，根据内生经济增长理论，物质资本投资具有边际收益递减的特征，而人力资本投资则具有收益递增的性质，因此，随着预期寿命的延长，人力资本投资回报会不断提高，因而激发人们不断增加人力资本投资，人力资本随之得到积累。将人口年龄结构引入世代交叠模型可以得出，为了家庭长期总体福利最大化，父代对子代进行物质资本和人力资本投资，进而促进了人力资本积累。从这一角度看，人口老龄化给年青一代提供了更多积累人力资本的机会，在长期有利于人力资本不断累积。

然而，人口老龄化对个体人力资本积累不仅仅是简单的正向作用，还存在一定的负面影响。首先，从个体人力资本积累速度角度看，随着个体年龄增长，其学习能力和身体素质均不断下降，这不仅影响了个体人力资本投资，同时降低了个体人力资本积累速度。其次，从个体人力资本投资的收益和沉没成本角度看，美国经济学家贝克尔在20世纪60年代，从个体角度出发阐释了人力资本投资随着年龄增长逐渐下降，结合贝克尔的研究可以分析得出，随着个体年龄增加，个体进行人力资本投资的收益开始降低，与此同时，其在进行人力资本投资时需要放弃的收入较多，这使得人力资本投资的沉没成本在增加。最后，从预期寿命角度看，根据生命周期理论，个体在老年时期没有收入，为了保障退休后消费水平不至于下降太多，人们会在工作时期增加储蓄，这在一定程度上挤占子代的教育投资，进而影响子代人力资本积累。

（二）人口老龄化对公共人力资本积累的作用机制

人口老龄化对公共人力资本的正向作用体现在以下方面。其一，从人力资本的需求角度看，随着科技迅速发展，技术创新和进步对人力资本的需求不断增加。在人口老龄化引起劳动力数量下降的背景下，劳动力质量的提升显得更为重要，这可以促使国家增加公共人力资本投资，从而提高公共人力资本水平和高端人才所占比例；其二，从养老负担角度看，毋庸置疑，人口老龄化程度加深给国家带来沉重的养老负担，在此形势下，国家只有增加经济总量，才能够适度缓解巨大的养老负担。较高的人力资本水平可以有效促进生产率提高，进而实现经济持续增长，为减轻国家的养老负担提供途径。有鉴于此，从长期来看，人口老龄化的负担效应可以迫使国家为享有人力资本的高收益而增加公共人力资本投资，促进公共人力资本积累；其三，从代际福利转移角度看，如果一个地区的教育投资回报率高，同时，人力资本水平提高能够有效促进地区生产力提高和经济增长，那么该地区倾向于"利他主义"文化，即对青少年进行更多的教育支出，从而提高该地区的公共人力资本水平。此外，随着人口老龄化程度的加深，拥有熟练工作技能劳动力比例的上升，在一定程度上可以提升公共人力资本水平。

人口老龄化对公共人力资本积累的负向影响体现在以下方面。其一，从养老负担角度看，随着老龄人口数量不断增多，政府用于医疗保健、养老以及社会福利的支出也会相应增加。养老支出对公共教育投资有一定的挤出效应，从短期看将不利于公共人力资本积累；其二，与高水平"利他主义"经济体相反，如果一个地区教育投资回报较低，则该地区将较少地为下一代考虑，即倾向于较少地对青少年进行教育投资，这会导致公共人力资本积累降低。例如，Ladd 和 Murray（2001）采用美国郡县层面的数据对人口老龄化和教育支出的关系进行研究，在假设老龄人口没有子女在公共学校接受教育，且这部分人口在教育支出中不会获益的前提下，一个地区增加教育支出只会给老龄人口带来税负的增加，降低其福利水平；其三，个体的学习能力和身体素质会随着年龄增长而下降，个体人力资本积累速度停滞或变慢，由此可以推测出，随着人口老龄化程度加深，老龄人口比重增加会从整体上拉低公共人力资本的积累速度。

三、劳动力供给对技术进步的综合影响

人力资本对技术进步的影响体现在，人力资本的载体即劳动力在区域和产业间的流动以及劳动力结构的改变两个方面。毋庸置疑，不同区域和不同产业的要素禀赋存在差异，相应地，不同区域和不同产业的基础技术也不同。首先，不同地区和产业的初期技术决定了不同的工资率；其次，不同工资率引起劳动力在区域和产业间的流动；最后，劳动力的流动引发技术溢出效应，最终促进技术不断进步。

我国劳动力流动的新趋势促进技术的转移和应用。以往，我国劳动力的流动方向主要是从乡村到城市，从经济落后地区到经济发达地区。如今，中国农村剩余劳动力流动呈现出新特征：一是"用工荒"现象不断升级，即使企业提高工资率也会面临招不到劳动力的局面；二是劳动力不再大量从经济落后地区向经济发达地区转移，而是出现了中西部地区的农业剩余劳动力就地转移的现象；三是农民工返乡趋势明显，且规模也在壮大。经济发达地区劳动力密集度的变化进一步激发该地区在经济发展过程中用技术替代劳动力（Ruiyu Wang, Jinchuan Shi, Bing Ye, 2022），再加上劳动力流动的新趋势，使得技术可以从发达地区流向欠发达地区，促进技术的转移和应用，使得欠发达地区的技术水平不断提高。

从产业结构角度看，劳动力在不同产业间的流动促进了技术在产业间的转移和进步。2008年以来新一轮的"民工荒"现象主要集中在劳动力密集型产业。2008年以前出现"民工荒"现象的主要原因是劳动力工资水平较低，当劳动力工资提高后，"民工荒"现象就得到了缓解；然而，2008年以后出现的"民工荒"现象不同于以往，农民工的劳动供给行为对工资的敏感程度较之前有所降低，这促使工资不断上涨，劳动力成本逐渐攀升，沿海地区劳动力密集型产业的比较优势随之逐渐消失。在此种情境下，企业根据劳动力和资本的相对价格决定生产所需要素，劳动力要素价格上涨导致产业间原本的技术进步方向的改变，进而促使劳动密集型产业加大研发力度向资本密集型产业转变。

从区域发展看，劳动力在区域间的流动有助于促进中西部地区实现技术的承接。一直以来，较低的劳动力成本是东南部沿海经济发达地区依靠劳动力密集型产业发展的优势。然而，随着劳动力成本的上升，企业的用工成本不断增加，其利润空间也相应被压缩，这反而迫使企业采用资本和技术替代劳动力，从而促进了技术进步。因此，对于东南沿海地区而言，劳动力成本优势的变化使得该地区的产业实现升级，从而带来地区的技术升级和革新。与此同时，在发达地区的产业转型和技术升级过程中，容易出现劳动力自身技能与产业需求不相匹配的结构性问题，由此导致大量失业劳动力被迫再次转移到中西部地区，由于这部分劳动力的技能在中西部地区仍较为先进，长此以往，他们的转移可以实现中西部地区对发达地区产业和技术的承接，进而促进中西部地区技术进步。

从部门发展看，返乡农民工有助于实现农村的技术进步。由于向城市转移的经济成本和社会成本不断增大，返回农村的农民工规模逐渐增加，再加上这一群体在城市务工和生活过一段时间，因此其人力资本和社会资本都得到一定程度的积累，不论这一群体返乡创业还是进行规模化的农业生产，都可以将曾经获得的知识和技术进行传播和扩散，促进农村的技术进步。

四、人力资本影响技术进步的内在机制

人力资本主要通过尼尔森—费尔普斯式作用机制对技术进步产生影响。一方面，人力资本所具有的"专业化知识"使劳动力在工作中保持较高的劳动效率并相应地提高了人力资本收益；另一方面，由于存在"知识溢出效应"，在生产过程中人力资本能够提高物质资本的使用效率从而推动技术进步；从研发部门的角度看，人力资本对知识的积累和创新能够提高研发部门的知识存量，从而进一步提高人力资本的生产效率；从产品生产部门看，人力资本具有的创新知识应用于产品生产可以提高产品品质，也属于创新和技术进步的一种表现。概括来看，人力资本通过新思想、新知识以及新产品推动了技术进步。下面将具体地从人力资本的"知识效应"（"内在效应"）、"外溢效应"和"外在效应"来分析人力资本对技术进步的作用机制。

（一）人力资本的"知识效应"

人力资本的"知识效应"主要是通过需求效应、收入效应和替代效应影响技术进步。人力资本的"知识需求效应"指的是，技术进步需要有新知识或者新技能或二者共同的推动，在技术进步对知识的需求拉动下，人力资本投资增加。贝克尔指出，人力资本投资增加主要是促进了技术进步，同时会引起技术供给人员的增加。劳动力在工作中学习新技术或者不断完善已有技术，在提高其人力资本的同时促进了生产效率的提高，并且在这一过程中也提高了物质资本的使用效率。人力资本投资的"知识收入效应"是指，受过良好教育和技能培训的劳动力在工作中具有更高的生产率,这种"企业家式才能"的提高有助于提高这部分劳动力在资源配置中的收益,促使其在工作中获得的收入报酬增加,有效的资源配置可以激发市场经济的活力,推进市场效率提高,从而直接或间接推动创新和技术进步。具体地,人力资本投资包括物质投资和时间投资,人力资本收入体现为货币收入和心理收入。贝克尔(1967)指出人力资本投资的边际成本的当前价值等于未来收益的当前价值,鉴于此,进行人力资本投资实质上改变了人力资本的生产函数。贝克尔在研究人力资本的收入函数后发现,人力资本水平的提高不仅可以提高市场的生产效率,还可以改变家庭消费或者劳动力本身的劳动生产率,由此可见,人力资本的"知识收入效应"可以推动劳动生产率提高和技术进步。人力资本通过"知识替代效应"作用于技术进步主要体现在,随着时代的发展,知识不断更新和涌现,与其他投入要素相比,人力资本会不断地进行知识的补充、更新和替代。人力资本的知识替代效应有助于劳动力在生产时保持边际收益不变,从而克服生产过程中使用自然资源和物质资本边际收益下降的问题,进而推动生产率持续提高。

(二)人力资本的"外溢效应"

人力资本通过"外溢效应"影响技术进步的作用机制具体表现在,对人力资本投资越多,人力资本的知识积累越充足,其边际产出相应越高,最终促进技术进步。

罗默的三部门模型中包含研究部门、中间产品部门和最终产品部门。这三个部门的职能分别是:研究部门使用人力资本(H)和知识总存量(A)生产新的知识(ΔA);中间产品部门利用新知识生产出耐用品;最终产品部门用人力资本、生产出的耐用品以及劳动再生产最终产品。在劳动供给和人力资本(H)保持不变的前提下,首先假设:①研究部门生产的新知识（ΔA）、人力资本投入（H_A）与知识总存量（A）都是线性关系，三者之间的具体关系为 $\Delta A = \theta \cdot H_A \cdot A$，其中 θ 表示生产率参数，在市场利率和最终产品需求曲线给定的情况下，由生产率参数确定产品利润最大化的价格；②生产中间产品的部门同样是在给定市场利率和产品需求曲线的情况下根据利润最大化原则确定中间产品价格；③最终产品生产部门与上述两部门不同，它是给定价格的接受者，并且可以用一个典型厂商代替全部最终产品的生产部门。设耐用品具有独立相加的产量效应，最终产品产量用扩展的柯布道格拉斯生产函数表示为：

$$Y(H_Y, L, X) = H_y^\alpha \cdot L^\beta \int_0^\infty X(i)^\gamma di \tag{4.2}$$

式（4.2）中 Y 为最终产品的产量，H_Y 为人力资本投入量，L 为劳动供给，X 为耐用品使用量，α 和 β 分别代表人力资本和劳动在最终产品中的贡献份额，产出增长中的弹性系数为 $\gamma = 1 - \alpha - \beta$；④消费者是价格的接受者，消费者根据跨期效用函数决定消费行为，其跨期效用函数为：

$$U = \int_0^\infty u[c(t)] e^{-\delta t} dt \tag{4.3}$$

罗默经过证明得出，分散化的均衡解是 A、K（社会知识总水平）和 Y 都是不变速率增长的一个平衡均衡解。经济的均衡增长率（g）可以表示为：

$$g = \Delta C/C = \Delta Y/Y = \Delta K/K = \Delta A/A = \theta HA$$
$$= \theta H - \alpha \cdot r/(1 - \alpha - \beta)(\alpha + \beta) \tag{4.4}$$

式（4.4）中，r 表示市场利率。该式表明，经济的均衡增长率与总人力资本、研究部门的人力资本和市场利率有关。总体人力资本水平和研究部门人力资本水平越高，市场利率越低，经济的均衡增长率越高。罗默的这一模型很好地说明了内生的知识增加具有外溢效应,这两种效应共同引起了规模收益递增。罗默的增长模型将知识分为两种:一般知识和专业知识。具体地,一般知识可以产生规模经济,专业知识可以使得投入要素在生产中获得递增的收益。也就是说,这两种知识的结合不仅可以使得投入的知识、人力资本收益递增,还可以使追加的物质资本和劳动力的规模报酬递增,最终实现生产率提高和促进技术进步的效果。

综上,由知识积累产生的新知识和人力资本是技术进步的源泉,因这二者没有"排他性"的特点而不同于普通的商品,这种特性正是人力资本的"外溢效应"。可以理解为,虽然发明创造具有专利保护,但这并不能阻止其他科研人员利用已有的发明和技术去创造新的发明和技术。研发技术部门的非排他性和非竞争性决定其无法阻止其他研究人员进行创新。有鉴于此,任何研发部门的创新都能引起全社会的技术进步,这一系列过程以及最终结果都得益于人力资本的知识"外溢效应"。总而言之,对于研发部门,人力资本的知识"外溢效应"推动部门不断产生新的知识和技术;对于中间产品以及最终产品部门,人力资本的知识"外溢效应"使得其可以利用研发部门的新知识和新技术生产出新的产品,由此可以看出,人力资本的知识"外溢效应"可以促进技术进步。

(三)人力资本的"外在效应"

人力资本的"外在效应"主要是指人力资本通过"干中学"形成的效应。卢卡斯(1988)构建了人力资本的两时期模型,用来说明人力资本通过"边干边学"形成外在效应。可以解释为,在高人力资本的环境下,每个人专业化的人力资本通过相互学习从个人扩散到群体,使得总体上人力资本积累提高,进而提高劳动生产率,促进技术进步。

卢卡斯在其模型中将劳动力分为纯体力的原生劳动和拥有劳动技能的人力资本。人力资本又进一步被划分为拥有社会共有的一般知识的人力资本和拥有能够体现劳动者技能的特殊专业知识的人力资本，并且卢卡斯认为只有专业化的人力资本才是技术进步的推动力。卢卡斯在借鉴前人研究的基础上将人力资本的效应分为两种，一种是舒尔茨所谓的通过正规或非正规教育形成的人力资本产生的"内在效应"，另一种是阿罗的在"干中学"中产生的人力资本的"外在效应"。在他看来，"内在效应"主要在于提高人力资本的自身积累，其作用是提高劳动力通过生产所获得的收入，而人力资本的"外在效应"更加重要，这一效应的存在使得物质资本和其他投入要素的收益增加。因此，在高人力资本的环境中，劳动力之间相互学习，从整体上提高人力资本水平，促进物质资本和其他要素生产率的提高，从而有助于技术不断进步。卢卡斯模型中还蕴含着这样的观点，即生产技术的差别不在于一般的人力资本，而在于拥有特定知识的和专业化的人力资本。

总而言之，现代经济增长主要依靠技术进步的驱动，人力资本在技术进步中占有重要的地位，发挥着重要的作用。人力资本和技术进步之间的联系体现在，第一，人力资本是技术进步的源泉。人力资本不仅具有生产要素的功能，也具有技术发明和创造的功能。任何技术发明或进步都是由具有专业知识或技能的人力资本完成的。研究和开发能力是人力资本的一项重要衡量指标；第二，人力资本是技术扩散的必要条件。尼尔森和菲利普斯（1966）构建出两个技术扩散模型，系统阐述了人力资本投资、技术扩散和经济增长之间的关系。研究表明，人力资本投资和形成的过程就是技术扩散的过程，同时这一过程对人力资本投资也有严格的条件要求。技术扩散的形式主要包括专业训练和技术培训，并且一个国家或地区技术扩散的程度与该国或该地区人力资本存量有很直接的关系。人力资本积累越充分,技术扩散的范围越大,并且技术扩散的速度也越快。技术扩散对人力资本的要求主要体现在：一是推动技术扩散的人力资本投资,例如对教师或工程师等培训者的投资,二是接受和学习新技术的人力资本,这主要是指受训者需要有足够的知识和能力的积累；第三,人力资本是技术应用的基础,任何技术转换成实际的生产力都要应用到现实的经济和生产部门,这一环节的顺利实现或完成,也需要人力资本的配合。如果没有合适的人力资本条件,新技术将无法很好地得到应用和实现转化。A. 巴特尔和 F. 里奇坦伯格（1987）对美国 61 个制造业行业中劳动力的受教育水平、机器设备的平均使用寿命以及研发密度之间的关系进行了研究,得出的结论是机器设备越新、劳动力的人力资本水平越高,越会出现相应的研发密度大的产业。由此可以看出人力资本和技术进步之间的紧密关系。总之,技术进步在经济增长中占据的地位越重要,人力资本相应的重要性也就愈加突显。人力资本是技术进步的引擎。

五、人口老龄化通过人力资本作用于技术进步的系统性分析

上文已经详细分析了人口老龄化对人力资本以及人力资本对技术进步的具体作用机制,接下来将系统分析人口老龄化作用于技术进步的理论机制。

（一）人口老龄化对技术进步的微观作用机制

从个体角度出发,人口老龄化对技术进步的正向作用主要体现在以下方面。第一,从个体客观条件看,高龄劳动力的语言能力较强,同时,与中青年劳动力相比,他们具有更丰富的经验阅历,洞察事物和现象能力较强,因而如果高龄劳动力从事的是语言类的工作,一定程度上可以推动劳动效率改进和提高。有鉴于此,人口老龄化有利于从事语言

类工作劳动力的劳动效率的提高（Skirbekk，2004），从而推动这类产业的技术进步；第二，从工作动机角度看，科研岗位的中青年劳动力往往是为获得更好的物质条件而工作，其创新具有被动性；相比之下，高龄劳动力由于已经具备一定的物质基础，因而在工作中有着更强的自发性，也就意味着其创新动机有时比中青年劳动力更旺盛；第三，从人力资本积累角度看，对于技能型劳动力而言，掌握熟练技能的劳动力随着年龄的增长，在工作中得到长期训练，其技能也更加娴熟，实现了人力资本的不断积累；知识型科研人员的专业知识和素养随着年龄增长不断积累，其具有的人力资本比年轻的科研人员要多，高水平的人力资本促进技术创新和进步。

然而，人口老龄化对技术进步不只有积极作用，还存在消极作用。首先，从劳动力身体素质角度看，随着年龄增长，劳动力的肌肉耐力和身体的灵活度降低，同时伴随有认知能力等脑力条件的下降，因此，高龄劳动力学习掌握新知识和运用新技能、新技术的能力降低，并且接受再培训和"干中学"的效率也会下降，对创新产生不利影响，进而对技术进步产生消极影响；其次，从工作动机角度看，一方面，除科研岗位人员外，高龄劳动力的工作动机在逐渐减弱，在工作中创新的意愿也相应降低，另一方面，高龄劳动力进行创新的预期收益不高，因此，高龄劳动力相对于中青年劳动力的主观创新动机较低。鉴于此，人口老龄化程度加深最终会对技术进步产生消极影响；最后，从人力资本积累角度看，一般而言，随着年龄的增长，个体学习能力下降，并且老龄劳动力进行人力资本投资所获得的预期收益下降也会导致其学习意愿下降，由此，高龄劳动力的人力资本积累速度随之下降。

对企业而言，人口老龄化对企业技术进步的正向影响主要体现在以下方面。第一，从企业中高龄员工往往具备较多与工作相关的知识和经验的角度看，高龄员工比重增加意味着企业人力资本的积累，进而对企业的技术进步产生有利影响；第二，人口老龄化程度加深带来劳动力供给数量的减少，导致劳动力成本的提高，人口红利的消退促使企业用资本替代劳动力，迫使企业加大研发力度，这有利于推动企业向资本和技术密集型转变，反而推动了技术进步；第三，随着老龄人口增多和规模扩大，社会对养老、医疗、保健等相关企业的需求相应增加，这就迫切要求相关企业增加资本和技术投资，生产出迎合老龄化社会发展阶段需求的高质量和高科技产品，毫无疑问，这将会推动技术进步。

人口老龄化对企业技术进步也存在负向影响，主要体现在以下方面。首先，随着人口老龄化程度加深，企业中高龄员工的比重增加，企业对员工培训的激励减弱，从而减少对员工培训等人力资本投资支出，这导致企业的人力资本积累降低，最终不利于企业的研发、创新以及技术进步；其次，一般而言，企业中高龄员工所占比例增加时，企业的整体创新活力会下降，这势必影响企业的技术进步；最后，从企业用工成本角度看，在人口老龄化程度加深的背景下，企业需要支付给有能力劳动力（通常为研发人员）的工资更高，这导致企业用工成本增加，对企业研发投入形成挤出效应，不利于企业技术进步。此外，企业员工年龄结构老化会对企业生产效率产生消极影响。

（二）人口老龄化对技术进步的宏观作用机制

人口老龄化对一个国家或地区的技术进步的正向影响体现在，一方面，当一个国家或地区人口老龄化程度较高时，意味着掌握大量专业领域知识和熟练技能的高龄劳动力比例上升。根据"干中学"理论，经验丰富和技能娴熟的高龄劳动力在工作中容易产生"溢出效应"。随着这部分高龄劳动力比例的增大，所产生的规模效应对一个国家或地区的技术进步有正向作用。Froscb（2009）用商业专利数量衡量一个地区的创造力，得出劳动年龄结构对创造力有直接影响。进一步，他研究不同年龄结构的人力资本对创造力的影响，经过分析后得出，年轻员工和高龄员工的比重增加对地区创新能力均有正向影响。年轻员工往往可以快速掌握新的知识和技能，老龄员工拥有丰富的经验，二者可以形成互补，有利于国家的技术进步；另一方面，随着人口老龄化程度加深，劳动年龄人口所占比重下降，劳动要素投入对经济增长的贡献随之下降，人力资本的回报率增长，这促使国家更加重视人力资本投资，激励社会资源的重新配置，催生新的技术，从长远看，有助于推动技术进步。例如，Lee等（2010）研究指出当人口老龄化带来劳动供给减少时，国家会转而重视提高人力资本的水平，从长期看，会使得大量低技能劳动力被高技能劳动力取代，从而提高整体劳动生产率。

人口老龄化对国家技术进步的消极影响体现在以下方面。一方面，由于高龄人口预期寿命有限，享受到国家研发收益的可能性降低，因此，当一个国家高龄人口所占比重增加时，这部分人口倾向于支持国家减少研发和教育的支出，这对技术进步形成了阻碍。Lancia（2009）通过构建三期世代交叠模型证明，人口老龄化背景下，预期寿命的延长使得年轻劳动力倾向于支持新技术的研发，而老龄人口由于受到寿命的限制，享受研发的预期收益较低，因而倾向于反对新技术的研发；另一方面，随着老龄人口增多，国家的养老负担加重，政府用于医疗养老等方面的财政支出增加。在国家税率和劳动力退休年龄不变的情况下，社会保障支出的增加容易形成对教育和研发的挤出效应，但教育和研发是技术进步的必备条件，从这一角度看，人口老龄化程度加深会阻碍技术进步。Gonzalez- Eras等（2012）通过构造世代交叠模型研究发现，当一个国家进入人口老龄化社会后,如果政府仅调整税率和政府支出,而不延迟退休年龄,则社会保障费用上升,对政府公共投资形成挤出效应,从而不利于技术进步。

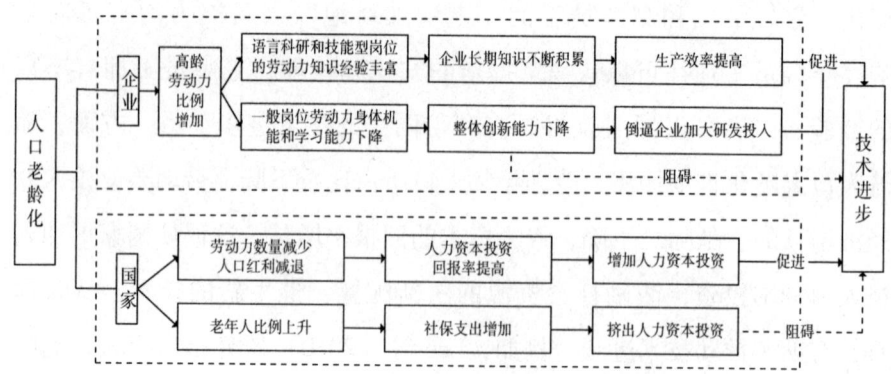

图 4.4 人口老龄化作用于技术进步机制图

第二节 人口老龄化通过人力资本作用于技术进步数理模型构建

上文从理论角度系统全面地分析了人口老龄化通过人力资本作用于技术进步的传导机制,人口老龄化对技术进步的作用并不单一,既存在正向的积极作用,也存在一定的阻碍作用。为了进一步深入分析人口老龄化通过人力资本对技术进步影响的作用机制,本部分在世代交叠模型(OLG模型)和索洛模型的基础上,引入人力资本,构建出人口老龄化、人力资本和技术进步的理论模型,旨在更加严谨地推演人口老龄化通过人力资本对技术进步发生影响的作用机制。

一、数理模型的基本假定

基础的世代交叠模型（OLG 模型）通常将个体的一生分成两个时期，一是青年时期工作并储蓄，二是老年时期利用储蓄进行消费。本书假设人的一生经历三期，分别是幼儿期、青年期和老年期，其中只有青年期从事工作有收入，且不考虑遗产继承；幼儿期没有收入需要依赖父辈抚养，且接受教育和培训积累人力资本；老年期利用青年期的储蓄消费，且消耗所有储蓄，不考虑给下一代遗产。青年期获得的收入用于消费、缴纳社保、教育子女和储蓄以备老年期消费。另外，假设所有个体同质，消费一种单一物品，每一期的消费者数量足够多，因此单一个体的消费决策对整体经济活动不产生影响。假设所有个体均能顺利度过幼儿期与青年期，并且以 p 的概率进入老年期，因此以 p 作为人口老龄化程度的代理变量。

二、数理模型的构建

（一）个体

假设代表性行为人的效用函数为：

$$U = U(C_t) + \beta p U(C_{t+1}) \quad (0 < \beta < 1) \tag{4.5}$$

令效用函数 $U(x) = ln(x)$，其中，C_t、C_{t+1} 分别为青年期和老年期的消费，β 为主观贴现因子，p 为老年期的存活概率。

个体青年期的预算约束为：

$$C_t = w_t h_t (1 - \tau_t - s_t - ne_t) \tag{4.6}$$

由于假定不考虑遗产继承，个体青年期的初始财富为 0，工资收入为 $w_t h_t$，τ_t 为个体青年期收入中缴纳社保的税率，s_t 是收入中用于储蓄的比例，e_t 表示给子女的教育支出占收入的比例，n 代表子女个数。

个体老年期的预算约束为：

$$C_{t+1} = \frac{(1+r_{t+1})s_t w_t h_t}{p} \tag{4.7}$$

其中，r_{t+1} 为市场利率，p 为老年期的存活概率，老年期依靠青年期储蓄进行消费。式（4.7）的经济含义为，假设所有人的养老储蓄都汇集入整个经济社会的资金池子，在这种机制下，每个个体的养老储蓄不仅获得市场利息，同时存活下来的老年人能够分享在老年期前去世的个体的养老储蓄。

将式（4.6）和式（4.7）合并得到个体跨期预算约束为：

$$C_t + \frac{C_{t+1}}{1+r_{t+1}} = w_t h_t (1 - \tau_t - s_t - ne_t) + \frac{s_t w_t h_t}{p} \tag{4.8}$$

构造拉格朗日函数以求在收入约束下实现效用最大化的解，即：

$$L = \ln C_t + \beta p \ln C_{t+1} - \lambda \left[C_t + \frac{C_{t+1}}{1+r_t+1} - w_t h_t (1 - \tau_t - s_t - ne_t) - \frac{s_t w_t h_t}{p} \right] \tag{4.9}$$

$$\frac{\partial L}{\partial C_t} = \frac{1}{C_t} - \lambda \tag{4.10}$$

$$\frac{\partial L}{\partial C_{t+1}} = \frac{\beta p}{C_{t+1}} - \lambda \cdot \frac{1}{1+r_{t+1}} \tag{4.11}$$

$$\frac{\partial L}{\partial \lambda} = w_t h_t (1 - \tau_t - s_t - ne_t) + \frac{s_t w_t h_t}{p} - C_t - \frac{C_{t+1}}{1+r_{t+1}} \tag{4.12}$$

要实现效用最大化，需要令式（4.10）（4.11）（4.12）均等于 0，得：

$$C_{t+1} = \beta p (1 + r_{t+1}) C_t \tag{4.13}$$

将式（4.13）代入式（4.6）和式（4.7）中，可以得到最优的社会总储蓄水平为：

$$S_t = s_t w_t h_t = \frac{\beta p^2 w_t h_t (1 - \tau_t - n e_t)}{1 + \beta p^2} \tag{4.14}$$

舒尔茨认为，促进全要素生产率提高和经济增长的人力资本不仅包括接受教育和培训，还包括健康人力资本。本书参考吴俊培和赵斌构建的人力资本模型：

$$h_{t+1} = B \frac{p}{p+1} (e_t w_t h_t)^{\delta} [(1-\gamma)\tau w_t h_t]^{\eta} \overline{h_t^{1-\delta-\eta}} = D \frac{p}{p+1} w_t^{\delta+\eta} e_t^{\delta} h_t \tag{4.15}$$

其中，$D = B[(1-\gamma)\tau]^{\eta}(0 < \delta, \eta < 1)$。$B$ 表示人力资本积累的效率参数，$1-\gamma$ 是政府支出中用于公共教育的支出比例，p 是老年期存活概率，p 值越大，表明越多的老年人存活下来，一定程度上反映人口老龄化程度较高。从式（4.15）得出，人口老龄化程度越高，积累的人力资本越高。h_t 为总劳动力平均人力资本，由于个体同质，所以 $h_t = \bar{h}_t$。

（二）企业

假设市场上有 N 个完全竞争的同质性企业，且企业规模报酬不变，生产函数为柯布道格拉斯形式，社会总生产函数的具体方程为：

$$Y_t = A K_t^{\theta} (L_t h_t)^{1-\theta} (0 < \theta < 1) \tag{4.16}$$

其中，K_t 为总的物质资本，L_t 为 t 期处于青年期的劳动力总数，h_t 为人力资本，A 为生产效率参数，θ 为产出中资本所占份额。

完全竞争市场条件下要素收入服从欧拉定理，即要素收入等于当期边际产出：

$$w_t = \frac{\partial Y}{\partial L_t h_t} = A(1-\theta) k_t^{\theta} \tag{4.17}$$

$$1 + r_t = \frac{\partial Y_t}{\partial K_t} = A \theta k_t^{\theta-1} \tag{4.18}$$

$$k_t = \frac{K_t}{L_t h_t} \quad (4.19)$$

其中，k_t 为每单位有效劳动的资本。

（三）政府

由于政府税收中用于医疗保健和教育培训的支出与人口老龄化和技术进步具有很强的关联性，因此假设政府税收支出全部用于投资健康人力资本和教育人力资本，不考虑其他方面的支出，参考 Osang 和 Sarkar、刘穷志和何奇对政府税收的处理方式，在平衡预算条件下，本书设定的政府收支方程为：

$$\tau w_t h_t = \gamma \tau w_t h_t + (1-\gamma)\tau w_t h_t \quad (4.20)$$

该式的经济学含义为，政府的税收收入恒等于政府用于健康人力资本投资和教育人力资本投资。γ 表示政府税收中用于医疗保健方面支出的比例，$1-\gamma$ 表示政府税收中用于教育培训方面支出所占比例。

（四）技术进步

索洛（1956）利用柯布道格拉斯生产函数，在产出增长率中扣除要素增长率来计算"索洛余量"。其中，θ 为资本产出弹性，表示资本在总产出中的比重；$1-\theta$ 为劳动产出弹性，表示劳动在总产出中所占的比重。将生产函数取对数并求导，可得索洛模型的基础公式为 $\frac{\Delta Y}{Y_t} = \frac{\Delta A}{A_t} + \theta \cdot \frac{\Delta K}{K_t} + (1-\theta) \cdot \frac{\Delta L}{L_t}$，则全要素生产率的基础公式为：

$$\frac{\Delta A}{A} = \frac{Y_{t+1} - Y_t}{Y_t} - \theta \cdot \frac{K_{t+1} - K_t}{K_t} - (1-\theta) \cdot \frac{L_{t+1} - L_t}{L_t} \quad (4.21)$$

三、数理模型的综合分析

(一) 市场出清

假设不存在国家贸易,且个体在老年时消费所有的青年时期的储蓄而不留下任何遗产。市场出清的条件满足:

$$K_{t+1} = L_t s_t w_t h_t \quad (4.22)$$

$$L_{t+1} = nL_t \quad (4.23)$$

即 $t+1$ 期的物质资本积累等于 t 期的储蓄;$t+1$ 期的劳动力总数等于 t 期劳动力乘以出生率 n。

将式 (4.22) 等式两边同时除以 $L_{t+1}h_{t+1}$,得到人均物质资本为:

$$k_{t+1} = \frac{\beta p(p+1)(1-\tau_t-ne_t)[A(1-\theta)]^{1-\delta-\eta}}{nDe_t^\delta(1+\beta p^2)} k_t^{\theta(1-\delta-\eta)} \quad (4.24)$$

可以进一步推得家庭支出中用于子女教育支出的比例 e_t 为:

$$e_t = \left(\frac{a\delta Dp[A(1-\theta)]^{\delta+\eta}k_{t+1}}{A\theta(1+p)k_t^{\theta(1-\delta-\eta)}}\right)^{\frac{1}{1-\delta}} \quad (4.25)$$

(二) 稳态分析

将上述相关式子代入式 (4.24) 中,化简得到:

$$\frac{\Delta A}{A} = n \cdot \frac{h_{t+1}}{h_t} \cdot \left(\frac{k_{t+1}}{k_t}\right)^\theta - \frac{\theta \cdot s_t \cdot w_t}{k_t} - n(1-\theta) \quad (4.26)$$

将人力资本方程代入上式,得:

$$\frac{\Delta A}{A} = n \cdot B[(1-\gamma)\tau_t]^\eta \frac{p}{p+1} w_t^{\delta+\eta} e_t^\delta \cdot \left(\frac{k_{t+1}}{k_t}\right)^\theta - \frac{\theta \cdot s_t \cdot w_t}{k_t} - n(1-\theta)$$

$$(4.27)$$

在达到稳态时,各变量的增长率为 0,因此可以将式 (4.26) 中表示时间的下标 t 去掉,得到:

$$\frac{\Delta A}{A} = nB\left[(1-\gamma)\tau\right]^\eta \frac{p}{p+1}w^{\delta+\eta}e^\delta - \frac{\theta sw}{k} - n(1-\theta) \quad (4.28)$$

综合上述数理模型的构建和分析可得以下结论：

结论1：在其他变量不变的前提下，人口老龄化对人力资本有正向影响，人口老龄化程度越高，人力资本积累越多。

由式（4.15）得，当存活率 p 越大时，表示进入老年期的个体越多，即人口老龄化程度越严重，人力资本积累程度越高。可以理解为，从预期寿命延长角度看，根据内生经济增长理论，物质资本投资具有边际收益递减的特征，而人力资本投资则具有收益递增的性质，因此，随着预期寿命的延长，人力资本投资回报会不断提高，因而激发人们不断增加人力资本投资，进而使人力资本得到积累。从个人角度看，人口老龄化会引致中青年调整投入工作的时间和个人人力资本投资的时间，从而促进人力资本积累，进而提高生产率。

结论2：人口老龄化程度越高，人力资本积累越多，全要素生产率水平越高。

在结论1分析的基础上可知，人口老龄化程度越高，人力资本积累越多，根据式（4.26）可以看出，人力资本积累越多，全要素生产率越高。

结论3：人口老龄化程度越高，物质资本积累越多，家庭中用于教育的投资越多，全要素生产率水平越高。

在式（4.14）中，存活率 p 越大，储蓄率越高。可以理解为人口老龄化程度越高，个体在青年期工作收入中用于储蓄的比例越大。根据式（4.22）可知，储蓄率越高，物质资本积累越多，家庭中用于教育的支出越多，进而结合式（4.28）可以看出全要素生产率水平相应越高。

结论4：人口老龄化程度越高，储蓄率越高，物质资本越多，工资率越高，全要素生产率越高。

将式（4.28）对工资求导，得 $\dfrac{\partial \dfrac{\Delta A}{A}}{\partial w} = nD\dfrac{p}{p+1}e^{\delta}(\delta+\eta)w^{\delta+\eta-1} - \dfrac{\theta s}{k} > 0$，可得出此函数单调递增，显然，工资率越高，全要素生产率越高。工资率在一定程度上反映劳动生产率的高低，也就是说，工资率越高，说明整个经济社会的劳动生产率越高。这说明当人口老龄化程度高时，可以从某种程度上提高劳动生产率，进而提高经济社会的全要素生产率。

第五章

计量模型构建与实证研究

第四章从理论角度，系统全面地从微观和宏观视角具体分析了人口老龄化通过人力资本作用于技术进步的内在机制，并且构建了人口老龄化、人力资本和技术进步的数理模型，为本章的实证研究奠定了理论和模型基础。那么，人口老龄化对劳动力供给（包括人力资本）的总效应和人口老龄化对技术进步的直接影响究竟有多大，以及人口老龄化影响技术进步的中间传导机制是否存在，若存在，人口老龄化对技术进步的影响又具有怎样的非线性特征，对于这些问题的回答均有待在本章进行实证研究。

第一节 人口老龄化对劳动力供给总效应的实证研究

人口老龄化通过减少劳动力供给数量、影响人力资本积累以及降低劳动生产率三方面对劳动力实际供给产生影响。人口老龄化对劳动力实际供给的具体影响需要通过实证模型进行检验。

一、模型设定与变量说明

为解决模型可能存在的内生性问题，本部分的计量模型在动态面板模型（GMM）基础之上构建。

$$Y_{it} = \alpha_{it} + \beta_1 Y_{it-1} + \beta_2 older_{it} + \beta X_{it} + v_{it} \qquad (5.1)$$

其中，被解释变量 Y 表示劳动力实际供给，本部分选用三个指标从三个维度对其进行衡量：①劳动力供给数量（employee），使用各省市就业人数表示这一指标。②劳动力质量（human）用人力资本水平表示，按照文献中通常采用的人均受教育年限作为这一指标的变量，计算公式为 $H = \sum_{i=1}^{n} p_i h_i$，其中，H 表示地区平均受教育年限，i 为个体的受教育年限，n 表示存在的情况，p_i 为第 i 类个体在总人口中所占的比重，h_i 为个体的受教育年限。根据历年《中国统计年鉴》中的数据，本部分将人口受教育情况分成 6 种类型，分别为文盲、小学、初中、高中、大学、研究生及以上。结合我国教育制度，本部分将累计的受教育年限分别对应为 0 年、6 年、9 年、12 年、16 年和 19 年。在以上设定的基础上，本部分平均受教育年限的公式为：平均受教育年限 = 文盲人口比重×0 年+小学文化程度人口比重×6 年+初中文化程度人口比重×9 年+高中文化程度人口比重×12 年+大学文化程度人口比重×16 年+研究生文化程度人口比重×19 年（具体测算结果见附录 11）。③劳动生产率（productivity），根据劳动力受教育水平存在地区差异性的特点，本部分采用有效劳均产出衡量劳动生产率，有效劳动则用人均受教育年限和就业人数的乘积表示。older 代表老龄化程度，i 表示地区，t 表示时间，X_{it} 为控制变量，v_{it} 为随机扰动项。模型（5.1）用于检验人口老龄化对劳动力供给的影响。

本部分采用 2003—2017 年我国 29 个省份的面板数据，各项指标的原始数据来自 EPS 数据库、《中国统计年鉴》以及各省份历年的统计年鉴，对于个别省份某些年份的缺失值，本部分采用插值法进行补齐。核心解释变量人口老龄化（older）用老年人口抚养比衡量；根据经验事实和已有文献,本部分选取的控制变量有:①少儿抚养比(child),即0~14岁少年人口占劳动年龄人口(15~64岁)的比重,一个国家或地区的少儿抚养比与该国或该地区的消费结构以及劳动力供给有直接的关系。②城市化率(urban),用一个地区城镇人口占总人口的比重衡量,城镇化率提高,一方面,有助于农业剩余劳动力转移,增加非农产业的劳动力供给;另一方面,少儿和劳动年龄人口能够有更多的接受教育或培训的机会,从而有利于提高劳动力素质。表5.1列出了本部分选取变量的统计性描述。

表5.1 各变量相关说明和统计性描述

变量	指标名称	样本容量	平均值	标准差	最小值	最大值
employee	劳动力供给数量	465	7.3549	0.9510	4.7749	8.8255
human	劳动力质量	465	9.2453	0.8080	7.4396	11.4278
productivity	劳动生产率	465	10.5271	0.6908	8.6199	12.0347
older	人口老龄化	465	0.0928	0.0199	0.0482	0.1638
child	少儿抚养比	465	0.2423	0.0707	0.0960	0.4470
urban	城市化率	465	0.5060	0.1509	0.2022	0.8961

二、实证检验结果与分析

表5.2报告了人口老龄化对劳动力供给总效应作用的检验结果。模型1、模型2以及模型3分别检验人口老龄化对劳动力供给数量、劳动力素质(人力资本水平)以及劳动生产率的影响。

从实证结果可以得出如下结论:首先,从模型1可以得出,人口老龄化对劳动力供给数量有显著的负向影响,人口老龄化程度每加深1个单位,劳动力供给数量下降0.7623个单位,这一结果在1%的水平下显著。

表 5.2　人口老龄化对劳动力供给的总效应

	employee model1	*human* model2	*productivity* model3
L.employee	0.7748*** (0.0350)		
L.human		0.6624*** (0.0241)	
L.productivity			0.9448*** (0.0221)
older	-0.7623*** (0.1385)	1.0265*** (0.3410)	-0.0671** (0.2592)
child	0.0032* (0.0975)	-1.3318*** (0.2437)	0.0032** (0.1614)
urban	0.0486** (0.0939)	1.1332*** (0.2663)	0.1090* (0.1650)
constant	1.5892*** (0.2336)	2.6957*** (0.1723)	0.8268*** (0.1428)
N	403	403	403

Standard errors in parentheses
* $p<0.1$, ** $p<0.05$, *** $p<0.01$

其次，根据模型 2 的结果可以看出，人口老龄化对劳动力素质的提高（人力资本水平）有显著的正向影响，劳动力素质随着人口老龄化程度每加深 1 个单位而增加 1.0265 个单位，这一结果在 1% 的水平下显著。可能的原因是，随着人口老龄化程度加深，一方面，熟练劳动力增多，这相当于提高了有经验劳动力所占的比重，另一方面，预期寿命延长提高了教育的边际收益，激励年轻人延长受教育年限，从而积累了人力资本。从发达国家老龄化和产业结构演进规律看，一个国家平均受教育水平和人力资本积累随着老龄化程度加深而提高（蔡昉，王美艳，

2012)。

最后，从模型3的实证结果得出，随着人口老龄化程度加深，劳动力老化对劳动生产率有着显著的不利影响，人口老龄化程度每深化1个单位，劳动生产率相应下降0.067个单位，这一结果在5%的水平下显著。即随着年龄的增长，劳动力老化会阻碍劳动生产率提高。

此外，在所选取的控制变量中，（1）其一，少儿抚养比的增加对劳动力供给数量的增加有正向影响，原因在于少儿抚养比上升表示一个国家或者地区少儿增多，为该地劳动力供给提供"补给源"；其二，少儿抚养比每上升1个单位，人力资本水平下降1.3318个单位，可能的原因是抚养少儿会挤出成年劳动力用于人力资本投资的时间和物质资本；其三，少儿抚养比对劳动生产率的影响为正，少儿抚养比每上升1个单位，劳动生产率提高0.0032个单位，且这一结果在5%的水平下显著。（2）城市化率对劳动力数量的影响为正，城市化程度每提高1个单位，劳动力数量提高0.0486个单位，这一结果在5%的水平下显著；在模型3中，城市化率对劳动力素质（人力资本水平）的影响显著为正，城市化率每上升1个单位，人力资本水平提高1.1332个单位，且这一结果在1%的水平下显著。城市化率的提高可以给劳动力提供更多受教育和培训的机会，从而有助于人力资本水平的提升；城市化率对劳动生产率的影响为正，城市化程度每提高1个单位，劳动生产率提高0.1090个单位，这一结果在10%的水平下显著。可能是因为城市化程度高促进人才集聚，人才集聚形成的知识和技能溢出效应促进劳动生产率得到提升。

本部分在分析了人口老龄化对劳动力供给影响的基础上采用29个省市的面板数据运用GMM模型进行实证检验。本部分得出的结论如下：（1）人口老龄化对劳动力供给数量有显著的负向影响，人口老龄化每上升1个单位,劳动力供给数量下降0.7623个单位。(2)人口老龄化对劳动力素质(人力资本水平)的提高有显著的正向影响,人口老龄化程度每提高1个单位,人力资本水平提高1.0265个单位。(3)人口老龄化对劳动生产率有显著的不利影响,人口老龄化每增加1个单位,劳动生产率相应下降0.72个单位。

第二节 人口老龄化对技术进步总体影响的实证研究

上文从理论角度出发分析人口老龄化通过影响劳动力供给进而作用于技术进步,同时构建数理模型进行推导,从数理模型中也得到相同的结论。为观察人口老龄化对技术进步的具体影响,下文将构建计量模型进行实证检验。固定效应模型假设误差项和解释变量相关,而随机效应模型认为误差项和解释变量不相关。由于在计量模型中不可能把所有影响技术进步的变量全部列举完全,并且控制这些变量对技术进步的影响,因而误差项中的变量很有可能与解释变量相关,为使实证结果更加贴近现实生活,本书选择固定效应模型进行实证估计。

一、模型设定与变量说明

检验人口老龄化对技术进步影响的具体效应的计量模型构建如下:

$$y_{it} = \alpha_{it} + \beta_1 older_{it} + \beta X_{it} + \mu_i + v_{it} \tag{5.2}$$

其中,y_{it}表示技术进步,为了较为全面系统地观察人口老龄化对技术进步的直接效应,本书技术进步指标选取我国的R&D经费内部支出(rdf)、R&D人员投入(rdp)、有效专利数量($patent$)以及全要素生产率(tfp)四个指标,分别作为科研投入(人员和经费两方面)、科技成果转化以及科技对经济增长的贡献三大方面的替代变量，衡量人口老龄化对技术进步系统的影响。older 代表人口老龄化程度，i 表示地区，t 表示时间，X_{it} 为控制变量，μ_i 为个体效应，v_{it} 为随机扰动项。模型（5.2）用于从三方面综合检验人口老龄化对技术进步的直接效应。

本书采用 2003—2017 年 29 个省份的面板数据，各项指标的原始数据来自 EPS 数据库、《中国统计年鉴》以及各省份历年的统计年鉴，其中，采用插值法补齐个别省份某些年份的缺失值。由于西藏自治区数据缺失过多，本书样本中剔除了该地区相关的数据。在估算全要素生产率时，首先需要测算固定资本存量，为保证数据的准确性和科学性（具体原因上文已经详细说明，此处将不再赘述）本书采用永续盘存法测算固定资本存量时，选取了 1993 年作为估算固定资本存量的基期。由于重庆在 1997 年才成为直辖市，1993—1997 年期间没有重庆的固定资本投资数据，如果将 1997 年后重庆和四川的数据做简单合并又可能对最终结果产生干扰，因而将重庆市的相关数据也做剔除处理。本书被解释变量——技术进步 y_{it} 从三方面选取四个代理变量：R&D 经费内部支出（rdf）、R&D 人员投入（rdp）、有效专利数量（patent）以及全要素生产率（tfp）四个指标进行衡量，核心解释变量——人口老龄化（older）用老年人口抚养比衡量。

根据经验事实和已有文献，本书选取的控制变量有：①少儿抚养比（child），即 0~14 岁少年人口占劳动年龄人口（15~64 岁）的比重，一个国家或地区的少儿抚养比与该国或该地区的劳动力供给有直接关系，劳动力供给对技术进步的影响一方面体现在劳动力短缺对技术进步的倒逼机制上，另一方面体现在高劳动力素质即较高的人力资本水平对技术进步的积极促进作用上。②城市化率（urban），用一个地区城镇人口与总人口之比衡量，一方面，城市化程度越高会使得经济社会对技术的需求越旺,进而刺激技术不断进步;另一方面,城市化程度不断提高更加容易形成人才集聚,随之产生的知识和技术溢出效应为实现技术进步提供契机。③市场化程度(*market*),用国有职工占总职工的比重衡量,这一比重越大表示市场化程度越低。市场化程度与技术复杂度高的产业发展具有高度关联性,技术复杂度高的产业发展必然对技术形成旺盛的需求进而激发技术进步。④对外开放程度(*open*),用外商直接投资的对数值来衡量,外商直接投资通过不同途径对我国技术进步产生重要影响。⑤基础设施水平(*infrastructure*),对每平方千米的公路里程取对数衡量,基础设施通过"空间溢出"效应和"蒂伯特选择"机制推进地区产业结构升级,产业结构升级能够对技术进步产生诱发和激励作用。⑥金融发展水平(*finance*),用金融业增加值的对数值衡量,金融业发展程度高能够为技术提供持续充足的资金,避免因为资金短缺中断对科研的投入,从而阻碍技术进步。

二、实证检验结果与分析

表 5.3 报告了人口老龄化对技术进步的总体影响,其中模型 1 报告了人口老龄化对科研投入即 R&D 经费内部支出的效应,模型 2 报告了人口老龄化对科研投入即 R&D 人员投入的效应,模型 3 报告了人口老龄化对科研成果转化的效应,模型 4 报告了人口老龄化对全要素生产率的效应。

表 5.3 人口老龄化对技术进步影响的实证检验

	rdf model1	*rdp* model2	*patent* model3	*tfp* model4
older	-4.5813***	-4.8929***	-2.7134***	0.3677***
	(0.9939)	(1.3545)	(0.8762)	(0.1388)

续表

	rdf model1	rdp model2	patent model3	tfp model4
child	-0.7140**	-0.1969*	-1.0004*	-0.2451**
	(0.7140)	(0.8987)	(0.8570)	(0.1230)
urban	2.8555***	1.5141*	3.8746***	0.1234**
	(0.9019)	(0.9051)	(1.2475)	(0.0866)
market	0.1487	0.1793	-0.4369	0.0057**
	(0.4092)	(0.4515)	(0.3602)	(0.0418)
open	0.1099**	0.0682**	0.1106***	0.0077**
	(0.0502)	(0.0439)	(0.0271)	(0.0050)
infrastructure	0.2333***	0.0819	0.4916***	0.0213**
	(0.0694)	(0.0735)	(0.1513)	(0.0100)
finance	0.6244***	0.3596***	0.9309***	0.0335**
	(0.0727)	(0.0796)	(0.1148)	(0.0140)
constant	7.9494***	7.8034***	0.8054**	1.5465**
	(0.5204)	(0.5337)	(0.3991)	(0.6362)
N	405	405	405	405

Standard errors in parentheses

* $p<0.1$, ** $p<0.05$, *** $p<0.01$

从实证结果可以看出，人口老龄化对 R&D 经费内部支出、R&D 人员投入以及有效专利数量的影响均为负，人口老龄化程度每加深1单位，R&D 经费内部支出下降 4.5813 个单位，R&D 人员投入下降 4.8929 个单位，有效专利数量下降 2.7134 个单位，且这三个模型的结果均在 1% 的水平下显著；人口老龄化对全要素生产率的影响为正，人口老龄化程度每加深 1 个单位，全要素生产率提升 0.3677 个单位，且这一结果在 1% 的水平下显著。

可能的原因有：其一，随着人口老龄化程度加剧，用于社会保障部分的支出增加，对R&D经费支出形成挤出效应，由此造成人口老龄化对R&D经费支出影响为负；其二，人口老龄化形势加剧带来劳动年龄人口数量的减少，R&D人员投入量会相应减少；其三，专利作为科研投入的转化，在人口老龄化程度加深对科研投入影响为负的前提下，人口老龄化对专利的影响也为负；其四，结合前文的理论机制分析，人口老龄化程度加深带来劳动力数量减少，一方面，从代际福利角度看，教育支出会提高投资回报，促使人力资本提高；另一方面，政府倾向于通过提高劳动力质量以促进经济增长，因此，人口老龄化程度加深通过提高人力资本水平反而促进了全要素生产率提升。从全国样本来看，人口老龄化对R&D人员投入的负面影响比对R&D经费支出的消极影响略大，说明由于人口老龄化程度加深造成劳动力数量的下降，一方面，到退休年龄的研发人员逐渐退出劳动力市场；另一方面青壮年的研发人员数量受到冲击，因而人口老龄化对研发人员投入的负面影响较大，然而随着经济增长、经济总量不断扩大，人口老龄化程度加深带来的社保支出增加对研发经费的挤出效应相对降低。人口老龄化对有效专利数量的负面影响比对R&D人员投入和R&D经费支出的负面影响小，可以解释为在人口老龄化对劳动力数量形成冲击的前提下，社会和家庭都更加重视人力资本积累，促进了人力资本水平提升，相较于以往的研发人员，现在的研发人员的质量更高，单位研发人员的专利数量增加，因此人口老龄化对专利数量的负面影响没有对研发投入的负面影响大。人口老龄化对全要素生产率的影响显著为正，表明人口老龄化程度加深提高人力资本积累，从而倒逼全要素生产率提高。

在本书所选的控制变量中，（1）少儿抚养比对R&D经费内部支出、R&D人员投入以及有效专利数量的影响均为负，少儿抚养比每增加1个单位，R&D经费内部支出下降0.7140个单位，且这一结果在5%的水平下显著，R&D人员投入下降0.1969个单位，且这一结果在10%的水平下显著，有效专利数量下降1.0004个单位，且这一结果在10%的水平下显著；少儿抚养比对全要素生产率的影响为负，少儿抚养比每增加1个单位，全要素生产率下降0.2451个单位，且这一结果在5%的水平下显著。（2）城镇化对R&D经费内部支出、R&D人员投入以及专利数量影响均为正，城镇化程度每提高1个单位，R&D经费内部支出提高2.8555个单位，且这一结果在1%的水平下显著；城镇化程度每提高1个单位，R&D人员投入提高1.5141个单位，且这一结果在10%的水平下显著；城镇化程度每提高1个单位，有效专利数量提高3.8746个单位，且这一结果在1%的水平下显著；城镇化程度每提高1个单位，全要素生产率提高0.1234个单位，且这一结果在5%的水平下显著。（3）市场化对全要素生产率具有促进作用，市场化程度每提高1个单位，全要素生产率提高0.0057个单位，且这一结果在5%的水平下显著。（4）对外开放对R&D经费内部支出、R&D人员投入和有效专利数量影响均为正，对外开放程度每提高1个单位，R&D经费内部支出提高0.1099个单位，且这一结果在5%的水平下显著；对外开放程度每提高1个单位，R&D人员投入提高0.0682个单位，且这一结果在5%的水平下显著；对外开放程度每提高1个单位，有效专利数量提高0.1106个单位，且这一结果在1%的水平下显著；对外开放促进全要素生产率的提高，对外开放程度每提高1个单位，全要素生产率提高0.0077个单位，且这一结果在5%的水平下显著。（5）基础设施对R&D经费内部支出、有效专利数量以及全要素生产率影响均为正，基础设施程度每提高1个单位，R&D经费内部支出提高0.2333个单位，且这一结果在1%的水平下显著；基础设施程度每提高1个单位，有效专利数量提高 0.4916 个单位，且这一结果在 1% 的水平下显著；基础设施水平每提高 1 个单位，全要素生产率提升 0.0213 个单位，且这一结果在 5% 的水平下显著。（6）金融发展水平对 R&D 经费内部支出、R&D 人员投入、有效专利数量以及全要素生产率影响均为正，金融发展水平每提高 1 个单位，R&D 经费内部支出提高 0.6244 个单位，且这一结果在 1% 的水平下显著；金融发展水平每提高 1 个单位，R&D 人员投入提高 0.3596 个单位，且这一结果在 1% 的水平下显著；金融发展水平每提高 1 个单位，有效专利数量提高 0.9309 个单位，同样地，这一结果也在 1% 的水平下显著；金融发展水平每提高 1 个单位，全要素生产率提升 0.0335 个单位，并且这一结果在 5% 的水平下显著。

三、稳健性检验

为检验人口老龄化对技术进步影响的实证结果的稳健性，本书使用 65 岁以上老年人口占总人口的比重作为人口老龄化的代理变量做进一步的检验。表 5.4 报告了选用这一指标作为人口老龄化的代理变量对技术进步影响的实证结果。

表 5.4 人口老龄化对技术进步影响的稳健性检验

	rdf model1	rdp model2	$patent$ model3	tfp model4
old	-6.9670***	-7.3442***	-3.8685***	0.5507***
	(1.5300)	(2.0503)	(1.2522)	(0.2031)
$child$	-0.2820**	-0.2711**	-0.7064**	-0.2121*
	(0.6778)	(0.8918)	(0.8867)	(0.1184)
$urban$	2.8504***	1.5050*	3.8399***	-0.1212
	(0.8870)	(0.8915)	(1.2459)	(0.0866)

续表

	rdf model1	rdp model2	patent model3	tfp model4
market	0.1413	0.1724	-0.4368	0.0054**
	(0.4084)	(0.4504)	(0.3612)	(0.0418)
open	0.1096**	0.0679**	0.1108***	0.0077**
	(0.0498)	(0.0439)	(0.0272)	(0.0050)
infrastructure	0.2309***	0.0787	0.4871***	0.0212**
	(0.0692)	(0.0730)	(0.1508)	(0.0100)
finance	0.6250***	0.3600***	0.9314***	0.0337**
	(0.0715)	(0.0786)	(0.1149)	(0.0140)
constant	8.1273***	7.9909***	0.9151**	1.5309**
	(0.5179)	(0.5282)	(0.3995)	(0.6358)
N	435	435	319	377

Standard errors in parentheses
* $p < 0.1$, ** $p < 0.05$, *** $p < 0.01$

从稳健性检验的实证结果可以看出，人口老龄化对R&D经费内部支出、R&D人员投入以及有效专利数量的影响均为负，人口老龄化程度每加深1个单位，R&D经费内部支出下降6.9670个单位，R&D人员投入下降7.3442个单位，有效专利数量下降3.8685个单位，且这三个模型的结果均在1%的水平下显著；人口老龄化对全要素生产率的影响为正，人口老龄化程度每加深1个单位，全要素生产率提升0.5507个单位，且这一结果在1%的水平下显著。稳健性检验证明前文所得结论是稳健的。

在所选的控制变量中，（1）少儿抚养比对全要素生产率的影响为负，少儿抚养比每增加1个单位，全要素生产率下降0.2121个单位，且这一结果在10%的水平下显著；少儿抚养比对R&D经费内部支出、R&D人员投入以及有效专利数量的影响均为负。（2）城镇化对R&D经费内部支出、R&D 人员投入以及有效专利数量影响均为正，城镇化程度每提高 1 个单位，R&D 经费内部支出提高 2.8504 个单位，且这一结果在 1%的水平下显著；城镇化程度每提高 1 个单位，R&D 人员投入提高 1.5050 个单位，且这一结果在 10%的水平下显著；城镇化程度每提高 1 个单位，有效专利数量提高 3.8399 个单位，且这一结果在 1%的水平下显著。（3）市场化对全要素生产率的影响为正，市场化每提高 1 个单位，全要素生产率提升 0.0054 个单位。（4）对外开放对 R&D 经费内部支出、R&D 人员投入、有效专利数量以及全要素生产率的影响均为正，对外开放程度每提高 1 个单位，R&D 经费内部支出提高 0.1096 个单位，且这一结果在 5%的水平下显著；对外开放程度每提高 1 个单位，R&D 人员投入提高 0.0679 个单位，且这一结果在 5%的水平下显著；对外开放程度每提高 1 个单位，有效专利数量提高 0.1108 个单位，且这一结果在 1%的水平下显著；对外开放程度每提高 1 个单位，全要素生产率提高 0.0077 个单位，且这一结果在 5%的水平下显著。（5）基础设施对 R&D 经费内部支出、有效专利数量以及全要素生产率影响均为正，基础设施程度每提高 1 个单位，R&D 经费内部支出提高 0.2309 个单位，且这一结果在 1%的水平下显著；基础设施程度每提高 1 个单位，有效专利数量提高 0.4871 个单位，且这一结果在 1%的水平下显著；基础设施水平每提高 1 个单位，全要素生产率提升 0.0212 个单位，且这一结果在 5%的水平下显著。（6）金融发展水平对 R&D 经费内部支出、R&D 人员投入、有效专利数量以及全要素生产率影响均为正，金融发展水平每提高 1 个单位，R&D 经费内部支出提高 0.6250 个单位，且这一结果在 1%的水平下显著；金融发展水平每提高 1 个单位，R&D 人员投入提高 0.3600 个单位，且这一结果在 1%的水平下显著；金融发展水平每提高 1 个单位，有效专利数量提高 0.9314 个单位，同样地，这一结果也在 1%的水平下显著；金融发展水平每提高 1 个单位，全要素生产率提升 0.0337 个单位，并且这一结果在 5%的水平下显著。

第三节 中间传导机制检验

上文已从理论和数理模型角度对人口老龄化通过劳动力供给的中间机制影响技术进步进行了分析和推导，下文进一步地验证理论机制的分析和构建的数理模型推导的人口老龄化通过劳动力供给对技术进步的中间作用机制是否存在以及在经济社会中的具体效应。

一、模型设计与变量说明

本书借鉴 Hayes 检验中介效应的方法，构建了如下方程：

$$y_{it} = \alpha_{it} + \gamma_1 older_{it} + \gamma X_{it} + \mu i + v_{it} \tag{5.3}$$

$$H_{it} = \alpha_{it} + \varphi 1 older_{it} + \varphi X'_{it} + \mu i + v_{it} \tag{5.4}$$

$$y_{it} = \alpha_{it} + \delta 1 older_{it} + \delta H_{it} + \delta' X_{it} + \mu i + v_{it} \tag{5.5}$$

其中，H_{it} 为中介变量，其他变量的含义与上文一致。根据中介效应的检验方法，首先对方程（5.3）进行回归，用于检验人口老龄化对技术进步的直接影响，若 γ_2 和 γ_3 显著为正，则说明人口老龄化可以促进技术进步；进而对方程（5.4）进行估计，目的是验证人口老龄化是否对中介变量产生影响；最后对方程（5.5）进行回归，当核心解释变量对中介变量影响为正时，若方程（5.5）中核心解释变量的系数 δ_i 小于方程（5.3）中核心解释变量的系数 γ_i，则说明存在中介效应；反之，当核心解释变量对中介变量的影响为负时，若方程（5.5）中核心解释变量的系数 δ_i 大于方程（5.3）中核心解释变量的系数 γ_i，则说明中介效应存在。

本部分的中介变量包括：①人口红利（employee），使用各省市就业人数表示这一指标。②人力资本水平（human），按照文献中通常采用的人均受教育年限作为这一指标的变量，这一指标的具体计算公式上文已给出，此处不再赘述。③劳动生产率（productivity），利用有效劳均产出代表劳动生产率，有效劳均产出等于地区生产总值比该地的有效劳动，结合劳动力受教育水平的区域异质性特点，有效劳动为一个地区的人均受教育年限与就业人数的乘积。上文理论机制分析得出，人口老龄化对人口红利、人力资本水平和劳动生产率均有影响，同时人口红利、人力资本和劳动生产率无疑会作用于技术进步，而人口老龄化通过劳动力供给对技术进步的具体效应有待运用中介效应模型进行实证检验。本部分所选取的控制变量与上文一致。

二、实证检验结果与分析

表5.5报告了人口老龄化作用于技术进步的人口红利中介效应、人力资本中介效应和劳动生产率中介效应的检验结果。

表 5.5　人口红利中介效应检验

	employee model1	rdf model2	rdp model3	patent model4	tfp model5
employee		0.7013***	0.8940***	0.5793***	−0.1804***
		(0.1491)	(0.1307)	(0.1305)	(0.0278)
older	−1.8869***	−3.4783***	−3.5138***	−2.5002***	0.0779*
	(0.4661)	(0.7455)	(1.0688)	(0.7722)	(0.1168)
child	0.5384**	−0.1205*	−0.7136*	−0.9955**	−0.1497**
	(0.3693)	(0.8143)	(0.9438)	(0.9513)	(0.1043)

续表

	employee model1	rdf model2	rdp model3	patent model4	tfp model5
urban	−0.6830*	3.8880***	3.0262***	5.0113***	−0.1559**
	(0.3912)	(0.8586)	(0.8323)	(1.2529)	(0.0706)
market	−0.0102	0.1372	0.1676	−0.3060	−0.0390*
	(0.1462)	(0.3600)	(0.3949)	(0.3055)	(0.0351)
open	0.0024**	0.0916*	0.0412	0.0587*	0.0099**
	(0.0136)	(0.0493)	(0.0419)	(0.0341)	(0.0042)
infrastructure	0.0513**	0.1480**	−0.0488	0.2372	0.0214**
	(0.0214)	(0.0652)	(0.0717)	(0.1531)	(0.0086)
finance	0.1267***	0.5170***	0.2158***	0.8575***	0.0085*
	(0.0285)	(0.0719)	(0.0763)	(0.1060)	(0.0062)
constant	6.9976***	3.1439***	1.7239*	−2.8498***	1.4892***
	(0.3102)	(1.0349)	(0.8887)	(0.8859)	(0.1999)
N	405	405	405	405	405

Standard errors in parentheses

* $p < 0.1$, ** $p < 0.05$, *** $p < 0.01$

对比表 5.3 和表 5.5，在前文给出的表 5.3 报告的实证结果中已经得知人口老龄化对 R&D 经费内部支出、R&D 人员投入以及有效专利数量的影响均为负，对全要素生产率的影响为正。在表 5.5 人口红利中介效应的检验中，模型 1 中人口老龄化的系数显著为负，说明人口老龄化对人口红利有负面影响。进一步地，表 5.5 模型 2 中人口老龄化的系数为−3.4783，相比表 5.3 模型 1 中相应的系数−4.5813 大；表 5.5 模型 3 中人口老龄化的系数为−3.5138，相比表 5.3 模型 2 中相应的系数−4.8929 大；表 5.5 模型 3 中人口老龄化的系数为−2.5002，相比表 5.3 模型 3 中相应的系数−2.7134 大；表 5.5 模型 4 中人口老龄化的系数为 0.0779，相比表 5.3 模型 5 中相应的系数 0.3677 小，综合以上结果可以得出劳动力数量减少、人口红利减退确实是人口老龄化作用于技术进步的路径,与理论机制分析一致。

表5.6 人力资本中介效应检验

	human model1	*rdf* model2	*rdp* model3	*patent* model4	*tfp* model5
human		0.0152***	0.0132***	0.0757**	−0.0111**
		(0.0869)	(0.0877)	(0.1205)	(0.0054)
older	0.9379**	−4.1650***	−4.5867***	−2.0882***	0.2641**
	(0.3713)	(1.0716)	(1.4040)	(0.9661)	(0.1050)
child	−1.1667***	0.0153	−0.2839	1.1351*	−0.1613***
	(0.2965)	(0.6733)	(0.8155)	(0.8421)	(0.0495)
urban	1.4162***	3.1245***	1.6551*	4.0974***	0.0276*
	(0.2671)	(0.9295)	(0.9901)	(1.2632)	(0.0455)
market	0.1742	0.0138	0.0849	−0.5046	0.0285*
	(0.1249)	(0.3770)	(0.4472)	(0.3137)	(0.0207)
open	−0.0271*	0.0116*	0.0312**	0.0487*	0.0199**
	(0.0147)	(0.0493)	(0.0419)	(0.0341)	(0.0042)
infrastructure	0.0480	0.2917***	0.1206	0.5340***	0.0089**
	(0.0312)	(0.0801)	(0.0792)	(0.1554)	(0.0040)
finance	−0.0098*	0.6333***	0.3681***	0.9125***	−0.0166***
	(0.0194)	(0.0731)	(0.0801)	(0.1173)	(0.0045)
constant	2.4356***	8.4533***	8.1498***	0.5826***	0.2647***
	(0.2268)	(0.6948)	(0.7668)	(1.0204)	(0.0534)
N	405	405	405	405	405

Standard errors in parentheses

* $p < 0.1$, ** $p < 0.05$, *** $p < 0.01$

在前文给出的表5.3报告的实证结果中已经得知人口老龄化对

R&D 经费内部支出、R&D 人员投入以及有效专利数量的影响均为负，对全要素生产率的影响为正。对比表 5.3 和表 5.6，表 5.6 模型 1 中人口老龄化的系数显著为正，说明人口老龄化对人力资本有正向影响。进一步地，表 5.6 模型 2 中人口老龄化的系数为-4.1650，相比表 5.3 模型 1 中相应的系数-4.5813 大；表 5.6 模型 3 中人口老龄化的系数为-4.5867，相比表 5.3 模型 2 中相应的系数-4.8929 大；表 5.6 模型 4 中人口老龄化的系数为-2.0882，相比表 5.3 模型 3 中相应的系数-2.7134 大；表 5.6 模型 4 中人口老龄化的系数为 0.2641，比表 5.3 模型 4 中相应的系数 0.3677 小，综合以上结果可以得出人力资本效应确实是人口老龄化作用于技术进步的路径，与理论机制分析一致。

表 5.7 劳动力生产率中介效应检验

	productivity model1	rdf model2	rdp model3	patent model4	tfp model5
productivity		0.1796**	0.2450***	0.2903***	0.0375**
		(0.0862)	(0.0762)	(0.0977)	(0.0162)
older	-0.5170**	-0.3520**	-0.7094***	-0.2339**	0.3221***
	(0.2273)	(0.5341)	(0.5132)	(0.5659)	(0.1242)
child	0.2312	-1.2175***	-1.1891***	0.5397	-0.2296**
	(0.1994)	(0.4399)	(0.4234)	(0.6369)	(0.1144)
urban	0.0460	0.1271	-0.1584	0.5863	-0.1818**
	(0.1561)	(0.3542)	(0.3323)	(0.6475)	(0.0826)
market	-0.2901***	-0.2042	0.2129	-0.0560	-0.0192*
	(0.0723)	(0.1621)	(0.1564)	(0.1997)	(0.0391)
open	0.0279***	0.0508***	0.0452**	0.0187*	0.0059*
	(0.0090)	(0.0187)	(0.0181)	(0.0230)	(0.0047)
infrastructure	0.0059	-0.0046**	-0.0557	0.0516**	0.0214**
	(0.0181)	(0.0372)	(0.0352)	(0.2211)	(0.0096)

续表

	productivity model1	rdf model2	rdp model3	patent model4	tfp model5
finance	0.0168**	-0.0198**	-0.0322**	0.0987*	-0.0431***
	(0.0184)	(0.0426)	(0.0384)	(0.0591)	(0.0094)
constant	1.3261***	1.5235***	1.5053***	-0.8792	-0.0228
	(0.2322)	(0.5444)	(0.4785)	(0.7798)	(0.1206)
N	405	405	405	405	405

Standard errors in parentheses
* $p<0.1$, ** $p<0.05$, *** $p<0.01$

在前文给出的表 5.3 报告的实证结果中已经得知人口老龄化对 R&D 经费内部支出、R&D 人员投入以及有效专利数量的影响均为负，对全要素生产率的影响为正。对比表 5.3 和表 5.7，表 5.7 模型 1 中人口老龄化的系数显著为负，说明人口老龄化对劳动生产率有负面影响。进一步地，表 5.7 模型 2 中人口老龄化的系数为 -0.3520，相比表 5.3 模型 1 中相应的系数 -4.5813 大；表 5.7 模型 3 中人口老龄化的系数为 -0.7094，相比表 5.3 模型 2 中相应的系数 -4.8929 大；表 5.7 模型 4 中人口老龄化的系数为 -0.2339，相比表 5.3 模型 3 中相应的系数 -2.7134 大；表 5.7 模型 5 中人口老龄化的系数为 0.3221，相比表 5.3 模型 4 中相应的系数 0.3677 小，综合以上结果可以得出劳动生产率效应确实是人口老龄化作用于技术进步的路径，与理论机制的预期一致。

第四节 门槛效应检验

在经济生活中，由人口老龄化带来的人口红利减退产生的负面效应可以在一定程度上由人力资本水平提高所产生的积极效应所抵消，那么，人力资本发展程度是否对人口老龄化作用于技术进步有所影响，本书进一步采用面板门槛模型检验人力资本发展程度高低对人口老龄化的技术进步效应带来的影响。

一、模型设定与相关说明

Hansen（1999）面板数据门槛模型的基本方程为：

$$y_{it} = \eta_i + \beta_1' x_{it} I(q_{it} \leq \gamma) + \beta_2' x_{it} I(q_{it} > \gamma) + \varepsilon_{it} \quad (5.6)$$

其中，i 表示省份，t 表示年份，q_{it} 为门槛变量，γ 为估计的门槛值，$I(q_{it} \leq \gamma)$ 和 $I(q_{it} > \gamma)$ 均为示性函数，ε_{it} 为随机干扰项。式（5.6）实质上是一个分段函数，等价于以下方程：

$$y_{it} = u_{it} + \beta_1' x_{it} + \varepsilon_{it}, \quad q_{it} \leq \gamma \quad (5.7)$$

$$y_{it} = u_{it} + \beta_2' x_{it} + \varepsilon_{it}, \quad q_{it} > \gamma$$

在方程（5.7）这一分段函数模型中，当 $q_{it} \leq \gamma$ 时，核心被解释变量的系数为 β_1，当 $q_{it} > \gamma$ 时，核心被解释变量的系数为 β_2，在基础模型上构建本书用于检验以人力资本为门槛变量，人口老龄化对技术进步的门槛效应模型如下：

$$y_{it} = \alpha_1 + \alpha_2 older_{it} + \alpha X_{it} + \beta_1 older_{it}(human_{it} \leq \gamma_1)$$
$$+ \beta_2 aging_{it}(human_{it} > \gamma_1) + \varepsilon_{it} \quad (5.8)$$

本部分实证检验中，核心解释变量、被解释变量以及控制变量均与上文保持一致。

二、实证检验结果与分析

在进行门槛效应回归的参数估计后，对门槛效应进行检验。首先，本书选取人口红利、人力资本水平和劳动生产率作为门槛变量；其次，当门槛变量为人口红利和劳动生产率时，人口老龄化对所选取的技术进步的四个指标不具有门槛效应，因而在此不做过多讨论。被解释变量为反应技术进步的四个指标，R&D 经费内部支出、R&D 人员投入、有效专利数量和全要素生产率，核心解释变量为人口老龄化程度，对模型进行回归估计后，得到 F 统计量、P 值以及门槛变量的估计值（如表 5.8 所示）。

表 5.8 门限效应估计结果

被解释变量	门槛变量	门槛估计值	F 值	P 值
rdf	human	8.5799	45.83	0.0033
rdp	human	8.5799	43.31	0.0300
patent	human	9.2991	30.06	0.0767
tfp	human	8.0947	22.23	0.0200

从表 5.8 的结果中可以看出，人口老龄化对技术进步的四个指标，即 R&D 经费内部支出、R&D 人员投入、有效专利数量和全要素生产率有显著的单一门槛效应。当被解释变量为 R&D 经费内部支出时，人力资本的门槛值为 8.5799；当被解释变量为 R&D 人员投入时，人力资本的门槛值为 8.5799；当被解释变量为有效专利数量时，人力资本的门槛值为 9.2991；当被解释变量为全要素生产率时，人力资本的门槛值为 8.0947。人口老龄化对技术进步的四个指标的双门槛效应检验均不显著。本部分所选取的控制变量与上文保持一致。

表 5.9 门槛效应回归检验结果

	rdf model1	rdp model2	patent model3	tfp model4
older（human≤8.5799）	−5.8650*** （0.6335）	−7.4872*** （0.7552）		
older（human>8.5799）	−4.2588*** （0.5848）	−5.6258*** （0.6972）		

续表

	rdf model1	rdp model2	patent model3	tfp model4
older (human≤9.2991)			-2.3273 *** (0.7969)	
older (human>9.2991)			-1.0696 (0.7779)	
older (human≤8.0947)				0.0336 (0.1090)
older (human>8.0947)				0.2877 *** (0.0940)
child	-1.5320 *** (0.4074)	-0.6449 * (0.4857)	-0.6001 * (0.6347)	-0.0589 * (0.0645)
urban	1.3443 *** (0.3343)	0.9264 ** (0.3985)	1.7344 *** (0.6093)	0.0053 (0.0535)
market	0.2491 (0.1739)	0.2699 (0.2073)	0.1333 (0.2171)	-0.0067 ** (0.0281)
open	0.0165 ** (0.0201)	0.0026 ** (0.0239)	0.0336 ** (0.0268)	0.0086 *** (0.0033)
infrastructure	0.0201 (0.0470)	-0.0078 (0.0561)	-0.7560 *** (0.2014)	0.0169 ** (0.0075)
finance	0.0850 * (0.0478)	0.0223 ** (0.0570)	0.1132 * (0.0781)	0.0086 ** (0.0077)
constant	-4.3748 ** (2.1946)	3.0433 (2.6163)	-18.5176 *** (3.3508)	1.2043 *** (0.3542)
N	435	435	319	435

Standard errors in parentheses

* $p<0.1$, ** $p<0.05$, *** $p<0.01$

<<< 第五章 计量模型构建与实证研究

表5.9报告了人口老龄化对技术进步的门槛效应检验结果。从模型1得出，以人力资本作为门槛变量时，人口老龄化对技术进步衡量指标之一R&D经费内部支出具有明显的单一门槛效应，并且这一结果在1%的水平下显著。具体表现为：当人力资本的值低于门槛值8.5799时，人口老龄化对R&D经费内部支出的系数值为-5.8650；当人力资本的值高于门槛值时，人口老龄化程度每加深1个单位，R&D经费内部支出下降4.2588个单位。对比这一结果可以看出，当人力资本水平较高时，人口老龄化对R&D内部经费支出的负效应减弱。从人口老龄化对R&D经费内部支出影响的动态变化来看，北京、天津、上海、浙江较早地迈过了门槛值，其他一些省份陆续在2005年以后迈过门槛值。一些发展较为落后的省份，例如，西藏、云南等，直到2012年、2013年才迈过门槛值。

从模型2的估计结果看出，以人力资本作为门槛变量，人口老龄化对R&D人员投入具有单一门槛效应，并且这一结果在1%的水平下显著。当人力资本的值低于门槛值8.5799时，人口老龄化对R&D人员投入的系数值为-7.4872；当门槛变量迈过门槛值时，人口老龄化对R&D人员投入也具有负效应，作用系数为-5.6258。人口老龄化对R&D人员投入门槛效应的门槛值与对R&D经费支出门槛效应的门槛值相同，类似地，从人口老龄化对R&D人员投入影响的动态变化来看，北京、天津、上海、浙江较早地迈过了门槛值，其他一些省份陆续在2005年以后迈过门槛值。一些发展较为落后的省份，例如，西藏、云南等，直到2012年、2013年才迈过门槛值。

从模型3得出，人口老龄化对有效专利数量同样具有门槛效应。当人力资本的值小于门槛值9.2991时，人口老龄化对有效专利数量的负向影响显著，作用系数为-2.3273，且这一结果在1%的水平下显著；

当这一指标值大于门槛值时，人口老龄化对有效专利数量的影响不显著。从人口老龄化对有效专利数量影响的动态变化来看，北京和上海是最早（2003年）迈过门槛值的省市，天津在2004年迈过了门槛值，河北、山西、内蒙古、黑龙江、江苏、浙江和福建均在2008年迈过了门槛值，截至2017年，仍未迈过门槛值的省市有广西、贵州、云南、西藏、青海和新疆。

从模型4得出，以人力资本作为门槛变量时，人口老龄化对技术进步衡量指标之一——全要素生产率具有明显的单一门槛效应。具体表现为：当人力资本的值低于门槛值8.0947时，人口老龄化对全要素生产率的影响不显著；当人力资本的值高于门槛值时，人口老龄化每加深1个单位，全要素生产率上升0.2877个单位，且这一结果在1%的水平下显著。对比这一结果可以看出，当人力资本水平较高时，人口老龄化对全要素生产率的正向影响突显。从人口老龄化对全要素生产率影响的动态变化来看，大部分省份在2003年就已迈过门槛值，安徽、河南、湖南、广东、四川、甘肃、青海、宁夏和新疆在2004年迈过门槛值，而最后一批省市，即贵州、云南和西藏也在2006年迈过了门槛值。

第六章

进一步分析：动态效应和区域异质性分析

人口老龄化程度随着时间推移不断变化，与此同时，技术也在不断地发展进步，因而人口老龄化对技术进步的影响也应该是动态的。此外，由于我国具有明显的大国经济特征，不同区域人口老龄化程度、人力资本水平以及技术禀赋均不相同，因而人口老龄化对技术进步的影响也相应呈现出区域异质性。第五章检验了人口老龄化对劳动力供给（包括人力资本）的动态影响、人口老龄化对技术进步的直接影响、人口老龄化通过人力资本影响技术进步的中间作用机制以及人口老龄化对技术进步的门槛效应，本章通过构建计量模型进一步实证研究人口老龄化对技术进步影响的动态效应以及区域异质性。

第一节 动态效应研究

下文将应用动态面板模型（GMM 模型）检验人口老龄化对技术进步的动态效应，并且运用动态面板模型也可以较好地解决模型可能存在的内生性问题。毋庸置疑，技术发展需要资金和人才的积累，并非一蹴而就。当前的技术不仅受到同期经济变量的影响，还受到以往技术状况的影响，因而在构建计量模型时包含了技术进步项的滞后期。此外，之所以只选取滞后一期的技术进步项而不是多期，是因为随着经济社会发展速度越来越快，滞后多期的技术对当前技术的影响效应逐年减小。

一、模型设定与变量说明

本章构建的具体计量模型如下。

$$y_{it} = \alpha_{it} + \beta_1 y_{it-1} + \beta_2 older_{it} + \beta X_{it} + v_{it} \tag{6.1}$$

其中，y_{it}表示技术进步，为了较为全面系统地观察人口老龄化对技术进步的直接效应，本书技术进步指标选取我国的 R&D 经费内部支出（rdf）、R&D 人员投入（rdp）、有效专利数量（$patent$）以及全要素生产率（tfp）四个指标，分别作为科研投入（人员和经费两方面）、科技成果转化以及科技对经济增长的贡献三大方面的替代变量，衡量人口老龄化对技术进步系统的影响。$older$ 代表人口老龄化程度，i 表示地区，t 表示时间，X_{it}为控制变量，v_{it}为随机扰动项。模型（6.1）用于从三方面综合检验人口老龄化对技术进步的动态效应。

本部分采用 2003—2017 年我国 29 个省份的面板数据，各项指标的原始数据来自 EPS 数据库、《中国统计年鉴》以及各省份历年的统计年鉴，其中，采用插值法补齐个别省份某些年份的缺失值。由于西藏自治区数据缺失过多，本书样本中剔除了该地区相关的数据。在估算全要素生产率时，首先需要测算固定资本存量，为保证数据的准确性和科学性（具体原因上文已经详细说明，此处将不再赘述），本书采用永续盘存法测算固定资本存量时，选取了 1993 年作为估算固定资本存量的基期。由于重庆在 1997 年才成为直辖市，1993—1997 年期间没有重庆的固定资本投资数据，如果将 1997 年后重庆和四川的数据做简单合并又可能对最终结果产生干扰，因而将重庆市的相关数据也做剔除处理。本书被

解释变量技术进步 y_{it} 从三方面选取四个代理变量 R&D 经费内部支出（rdf）、R&D 人员投入（rdp）、有效专利数量（patent）以及全要素生产率（tfp）四个指标进行衡量，核心解释变量人口老龄化（older）用老年人口抚养比衡量。

根据经验事实和已有文献，本部分选取的控制变量有：①少儿抚养比（child），即 0~14 岁少年人口占劳动年龄人口（15~64 岁）的比重，一个国家或地区的少儿抚养比与该国或该地区的劳动力供给有直接关系，劳动力供给对技术进步的影响一方面体现在劳动力短缺对技术进步的倒逼机制上，另一方面体现在高劳动力素质即较高的人力资本水平对技术进步的积极促进作用上。②城市化率（urban），用一个地区城镇人口与总人口之比衡量，一方面，城市化程度越高会使得经济社会对技术的需求越旺，进而刺激技术不断进步；另一方面，城市化程度不断提高后更加容易形成人才集聚，随之产生的知识、技术溢出效应为实现技术进步提供契机。③市场化程度（market），用国有职工占总职工的比重衡量，这一比重越大表示市场化程度越低。市场化程度与技术复杂度高的产业发展具有高度关联性，技术复杂度高的产业发展必然对技术形成旺盛的需求进而激发技术进步。④对外开放程度（open），用外商直接投资的对数值来衡量，外商直接投资通过不同途径对我国技术进步产生重要影响。⑤基础设施水平（infrastructure），对每平方千米的公路里程取对数衡量，基础设施通过"空间溢出"效应和"蒂伯特选择"机制推进地区产业结构升级，产业结构升级能够对技术进步产生诱发和激励作用。⑥金融发展水平（finance），用金融业增加值的对数值衡量，金融业发展程度高能够为技术提供持续充足的资金，避免因为资金短缺中断对科研的投入，从而阻碍技术进步。

二、实证检验结果与分析

表 6.1 报告了人口老龄化对技术进步影响的动态效应，其中模型 1 报告了人口老龄化对科研投入即 R&D 经费内部支出的效应，模型 2 报告了人口老龄化对科研投入即 R&D 人员投入的效应，模型 3 报告了人口老龄化对科研成果转化的效应，模型 4 报告了人口老龄化对全要素生产率的效应。

表 6.1 人口老龄化对技术进步的动态效应检验

	model1 *rdf*	model2 *rdp*	model3 *patent*	model4 *tfp*
L. rdf	0.8425***			
	(0.0450)			
L. rdp		0.7621***		
		(0.0475)		
L. patent			0.7568***	
			(0.0422)	
L. tfp				0.1039***
				(0.0712)
older	-0.2846**	-0.5759***	-0.3906***	0.2655**
	(0.5511)	(0.5377)	(0.5895)	(0.1230)
child	-1.2634***	-1.2231***	-0.4119*	-0.2065*
	(0.4536)	(0.4457)	(0.6656)	(0.1140)
urban	0.2265*	0.1450**	0.7716*	0.1312*
	(0.3615)	(0.3302)	(0.6749)	(0.0772)
market	0.2998*	0.2266**	0.2011*	0.0342**
	(0.1601)	(0.1646)	(0.2024)	(0.0386)

续表

	model1 *rdf*	model2 *rdp*	model3 *patent*	model4 *tfp*
open	0.0604***	0.0494***	0.0221**	0.0072*
	(0.0187)	(0.0190)	(0.0240)	(0.0046)
infrastructure	0.0033*	-0.0390	0.1042*	0.0238**
	(0.0381)	(0.0367)	(0.2306)	(0.0095)
finance	0.0094**	0.0533*	0.1259**	0.0257***
	(0.0419)	(0.0295)	(0.0610)	(0.0060)
constant	2.2957***	2.3703***	1.1581***	0.2358***
	(0.4131)	(0.4061)	(0.3841)	(0.0542)
N	377	377	377	377

Standard errors in parentheses
* $p < 0.1$, ** $p < 0.05$, *** $p < 0.01$

从实证结果可以看出，人口老龄化对 R&D 经费内部支出、R&D 人员投入以及有效专利数量的影响均为负，人口老龄化程度每加深 1 个单位，R&D 经费内部支出下降 0.2846 个单位，且这一结果在 5% 的水平下显著；人口老龄化程度每加深 1 个单位，R&D 人员投入下降 0.5759 个单位，且这一结果在 1% 的水平下显著；人口老龄化程度每加深 1 个单位，有效专利数量下降 0.3906 个单位，且这一结果在 1% 的水平下显著；人口老龄化对全要素生产率的影响为正，人口老龄化程度每加深 1 个单位，全要素生产率提升 0.2655 个单位，且这一结果在 5% 的水平下显著。

与上文人口老龄化对技术进步的直接效应对比可以得出，从长期来看，人口老龄化对 R&D 经费内部支出、R&D 人员投入以及有效专利数量的负向影响比人口老龄化对技术进步这些方面的直接影响小很多。一定程度上可以说明，在短期，人口老龄化对 R&D 经费内部支出、R&D

人员投入以及有效专利数量的负向影响很大。而在长期，一方面，随着经济的迅速发展，用于科研投入的经费也随之增加，即使人口老龄化程度逐渐加深，在经济总量不断增加的情况下，社保支出占经济总量的比例减少，相应地，人口老龄化对科研投入的挤出效应也随之减弱；另一方面，人口老龄化程度加深引发个体和国家层面加大对人力资本的投入力度，从而促进人力资本积累水平大幅度提升，进一步地，科研人员的比例会上升且其生产力也会提高。从这一角度看，长期人口老龄化对R&D人员投入和专利数量的影响被人力资本提升所削弱。在长期，人口老龄化对全要素生产率的影响也为正，但影响系数（0.2655）比短期人口老龄化对全要素生产率的作用（0.3677）小。说明在短期，人口老龄化对人力资本积累的正向促进作用会较大地促进全要素生产率的提高；在长期，人口老龄化程度虽然越来越严重，但其增长速度已经趋于缓慢，同时人力资本积累程度达到较高水平，人口老龄化对全要素生产率的促进作用也相应有所减弱。

在本书所选的控制变量中，（1）少儿抚养比对R&D经费内部支出、R&D人员投入以及有效专利数量的影响均为负，少儿抚养比每增加1个单位，R&D经费内部支出下降1.2634个单位，且这一结果在1%的水平下显著，R&D人员投入下降1.2231个单位，且这一结果在1%的水平下显著，有效专利数量下降0.4119个单位，且这一结果在10%的水平下显著；少儿抚养比对全要素生产率的影响为负，少儿抚养比每增加1个单位，全要素生产率下降0.2065个单位，且这一结果在10%的水平下显著。（2）城镇化对R&D经费内部支出、R&D人员投入、有效专利数量以及全要素生产率的影响均为正，城镇化程度每提高1个单位，R&D经费内部支出提高0.2265个单位，且这一结果在10%的水平下显著；城镇化程度每提高1个单位，R&D人员投入提高

0.1450 个单位，且这一结果在 5% 的水平下显著；城镇化程度每提高 1 个单位，有效专利数量提高 0.7716 个单位，且这一结果在 10% 的水平下显著；城镇化程度每提高 1 个单位，全要素生产率提高 0.1312 个单位，且这一结果在 10% 的水平下显著。(3) 市场化对 R&D 经费内部支出、R&D 人员投入以及专利数量影响均为正，市场化程度每提高 1 个单位，R&D 经费内部支出提高 0.2998 个单位，且这一结果在 10% 的水平下显著；市场化程度每提高 1 个单位，R&D 经费内部支出提高 0.2266 个单位，且这一结果在 5% 的水平下显著；市场化程度每提高 1 个单位，有效专利数量提高 0.2011 个单位，且这一结果在 10% 的水平下显著；市场化对全要素生产率具有促进作用，市场化程度每提高 1 个单位，全要素生产率提高 0.0342 个单位，且这一结果在 5% 的水平下显著。(4) 对外开放对 R&D 经费内部支出、R&D 人员投入和有效专利数量影响均为正，对外开放程度每提高 1 个单位，R&D 经费内部支出提高 0.0604 个单位，且这一结果在 1% 的水平下显著；对外开放程度每提高 1 个单位，R&D 人员投入提高 0.0494 个单位，且这一结果在 1% 的水平下显著；对外开放程度每提高 1 个单位，有效专利数量提高 0.0221 个单位，且这一结果在 5% 的水平下显著；对外开放促进全要素生产率的提高，对外开放程度每提高 1 个单位，全要素生产率提高 0.0072 个单位，且这一结果在 10% 的水平下显著。(5) 基础设施对 R&D 经费内部支出、有效专利数量以及全要素生产率影响均为正，基础设施程度每提高 1 个单位，R&D 经费内部支出提高 0.0033 个单位，且这一结果在 10% 的水平下显著；基础设施程度每提高 1 个单位，有效专利数量提高 0.1042 个单位，且这一结果在 10% 的水平下显著；基础设施水平每提高 1 个单位，全要素生产率提升 0.0238 个单位，且这一结果在 5% 的水平下显著。(6) 金融发展水平对 R&D 经费内部支出、R&D 人员投入、有效专利数量以及全要素生产率影响均为正，金融发展水平每提高1个单位，R&D经费内部支出提高0.0094个单位，且这一结果在5%的水平下显著；金融发展水平每提高1个单位，R&D人员投入提高0.0533个单位，且这一结果在10%的水平下显著；金融发展水平每提高1个单位，有效专利数量提高0.1259个单位，这一结果也在5%的水平下显著；金融发展水平每提高1个单位，全要素生产率提升0.0257个单位，并且这一结果在1%的水平下显著。

第二节 区域异质性分析

由于我国是一个幅员辽阔、人口众多的国家，不同地区经济发展水平差异很大，那么人口老龄化对技术进步的影响是否存在区域异质性，若存在区域异质性，这一影响具体有多大差异，这些问题有待下文进行实证检验。本部分通过分样本采用固定效应模型检验人口老龄化对技术进步的区域异质性影响，用于进行实证检验的计量模型的基本模型已在上文检验总样本人口老龄化对技术进步的直接影响中进行了构建并解释说明。被解释变量、核心解释变量以及控制变量依然与上文保持一致，所选取数据也已在上文进行说明，此处不再赘述。

一、人口老龄化对科研投入影响的区域异质性检验

表6.2和表6.3报告了人口老龄化对研发投入（包括R&D内部经费支出和R&D人员投入）的区域异质性实证检验结果，具体分析如下。

（一）R&D内部经费支出

表6.2报告了人口老龄化对技术进步衡量指标之一R&D经费内部

支出的区域异质性影响。从实证结果可以看出，不同区域，不论是经济竞争力强还是经济竞争力弱的地区，人口老龄化对 R&D 经费内部支出的影响均为负，同时，人口老龄化对东部、中部、西部以及东北地区 R&D 经费内部支出的影响均为负。

表 6.2 人口老龄化对技术进步（R&D 内部经费支出）影响区域异质性实证检验

rdf	经济竞争力强 model1	经济竞争力弱 model2	东部 model3	中部 model4	西部 model5	东北 model6
older	-3.2913***	-8.5122***	-1.6604***	-5.9748***	-7.9997***	-2.5662**
	(0.9657)	(2.0654)	(0.6738)	(1.3274)	(2.0399)	(1.2328)
child	-0.7573***	-0.1636***	-0.0140**	-0.0479**	-0.1744*	-0.9954**
	(0.9668)	(0.9476)	(0.4809)	(1.1930)	(0.9494)	(2.5385)
urban	1.7316***	3.6342**	1.6803***	0.3814	3.7791	3.8349*
	(0.5260)	(1.4696)	(0.4111)	(0.7896)	(3.3826)	(2.0410)
market	-0.2594	0.5592	-0.1120	0.8430	0.1409	1.4247**
	(0.3837)	(0.5865)	(0.3837)	(0.6409)	(0.7189)	(0.6650)
open	0.1018**	0.0682**	0.0154*	0.2941***	0.0600**	0.2116***
	(0.0645)	(0.0620)	(0.0380)	(0.0553)	(0.0721)	(0.0562)
infrastructure	0.1908***	0.3121***	0.3701***	0.4138**	0.1701	0.0246
	(0.0661)	(0.0861)	(0.1070)	(0.1607)	(0.1052)	(0.1700)
finance	0.7233***	0.5586***	0.7486***	0.5895***	0.5898*	0.5762***
	(0.0430)	(0.1174)	(0.0386)	(0.0998)	(0.2844)	(0.1103)
constant	8.3365***	8.0692***	8.2956***	6.7688***	8.3910***	6.5193***
	(0.5641)	(0.8352)	(0.3905)	(0.9335)	(0.7796)	(0.9108)
N	225	210	150	90	150	45

Standard errors in parentheses

*$p < 0.1$, **$p < 0.05$, ***$p < 0.01$

在经济竞争力强的地区，人口老龄化程度每加深1个单位，R&D经费内部支出下降3.2913个单位，这一结果在1%的水平下显著；在经济竞争力弱的地区，人口老龄化程度每加深1个单位，R&D经费内部支出下降8.5122个单位，这一结果在1%的水平下显著；在东部地区，人口老龄化程度每加深1个单位，R&D经费内部支出下降1.6604个单位，这一结果在5%的水平下显著；在中部地区，人口老龄化程度每加深1个单位，R&D经费内部支出下降5.9748个单位，这一结果在1%的水平下显著；在西部地区，人口老龄化程度每加深1个单位，R&D经费内部支出下降7.9997个单位，这一结果在1%的水平下显著；在东北部地区，人口老龄化程度每加深1个单位，R&D经费内部支出下降2.5662个单位，这一结果在5%的水平下显著。可能的原因为，随着人口老龄化程度加剧，用于社会保障部分的支出增加，对R&D经费支出形成挤出效应，由此造成人口老龄化对R&D经费支出影响为负。

在经济竞争力强的地区，人口老龄化对R&D经费内部支出的负面影响小于经济竞争力弱的地区，可以理解为经济竞争力强的地区，社保支出只占该地区经济总量很小的比例，因而对R&D经费内部支出的挤出效应较小；而在经济竞争力弱的地区，经济总量较小，社保支出所占比例相对较大，因而当人口老龄化程度高时，社保支出对R&D经费内部支出的挤出效应较大，人口老龄化对R&D经费内部支出的负向影响较大。对比我国不同区域人口老龄化对R&D经费内部支出的影响可以看出，在西部地区，人口老龄化对R&D经费内部支出的消极影响最严重，而人口老龄化对东部地区R&D经费内部支出的消极影响较小。可以解释为在东部地区，社保支出占地区总产出的比例较小，相应地，对R&D经费内部支出的挤出效应较小，人口老龄化对R&D经费内部支出的消极影响较小，而西部地区这一影响较大。

<<< 第六章 进一步分析：动态效应和区域异质性分析

在所选的控制变量中，（1）无论是在经济竞争力强的地区，还是在经济竞争力弱的地区，少儿抚养比对R&D经费内部支出影响均为负。在经济竞争力强的地区，少儿抚养比每增加1个单位，R&D经费内部支出降低0.7573个单位，且这一结果在1%的水平下显著；在经济竞争力弱的地区，少儿抚养比每增加1个单位，R&D经费内部支出降低0.1636个单位，且这一结果在1%的水平下显著。在我国不同区域，少儿抚养比对R&D经费内部支出的影响均为负，在东部地区，少儿抚养比每增加1个单位，R&D经费内部支出降低0.0140个单位，且这一结果在5%的水平下显著；在中部地区，少儿抚养比每增加1个单位，R&D经费内部支出降低0.0479个单位，且这一结果在5%的水平下显著；在西部地区，少儿抚养比每增加1个单位，R&D经费内部支出降低0.1744个单位，且这一结果在10%的水平下显著；在东北地区，少儿抚养比每增加1个单位，R&D经费内部支出降低0.9954个单位，且这一结果在5%的水平下显著。（2）城镇化对R&D经费内部支出的影响为正，在经济竞争力强的地区，城镇化程度每提高1个单位，R&D经费内部支出提高1.7316个单位，且这一结果在1%的水平下显著；在经济竞争力弱的地区，城镇化程度每提高1个单位，R&D经费内部支出提高3.6342个单位，且这一结果在5%的水平下显著；在东部地区，城镇化程度每提高1个单位，R&D经费内部支出提高1.6803个单位，且这一结果在1%的水平下显著；在东北部地区，城镇化程度每提高1个单位，R&D经费内部支出提高3.8349个单位，且这一结果在10%的水平下显著；城镇化对中部地区和西部地区的影响为正，但结果并不显著。（3）在全国其他地区，市场化对技术进步的影响为正，但并不显著；在东北部地区，市场化对R&D经费内部支出的影响为正，市场化每提高1个单位，R&D经费内部支出提高1.4247个单位，这一结果在

5%的水平下显著。(4) 无论在经济竞争力强的地区，还是经济竞争力弱的地区，对外开放对 R&D 经费内部支出的影响均为正，在经济竞争力强的地区，对外开放程度每提高 1 个单位，R&D 经费内部支出提高 0.1018 个单位，且这一结果在 5%的水平下显著。在经济竞争力弱的地区，对外开放程度每提高 1 个单位，R&D 经费内部支出提高 0.0682 个单位，且这一结果在 5%的水平下显著。在我国不同地区，对外开放对 R&D 经费内部支出的影响均为正，在东部地区，对外开放程度每提高 1 个单位，R&D 经费内部支出提高 0.0154 个单位，且这一结果在 10%的水平下显著；在中部地区，对外开放程度每提高 1 个单位，R&D 经费内部支出提高 0.2941 个单位，且这一结果在 1%的水平下显著；在西部地区，对外开放程度每提高 1 个单位，R&D 经费内部支出提高 0.0600 个单位，且这一结果在 5%的水平下显著；在东北地区，对外开放程度每提高 1 个单位，R&D 经费内部支出提高 0.2116 个单位，且这一结果在 1%的水平下显著。(5) 基础设施对 R&D 经费内部支出的影响为正，在经济竞争力强的地区，基础设施程度每提高 1 个单位，R&D 经费内部支出提高 0.1908 个单位，且这一结果在 1%的水平下显著；在经济竞争力弱的地区，基础设施程度每提高 1 个单位，R&D 经费内部支出提高 0.3121 个单位，且这一结果在 1%的水平下显著；在东部地区，基础设施水平每提高 1 个单位，R&D 经费内部支出提升 0.3701 个单位，且这一结果在 1%的水平下显著；在中部地区，基础设施程度每提高 1 个单位，R&D 经费内部支出提高 0.4138 个单位，且这一结果在 5%的水平下显著。(6) 金融发展水平对 R&D 经费内部支出的影响均为正，在经济竞争力强的地区，金融发展水平每提高 1 个单位，R&D 经费内部支出提高 0.7233 个单位，且这一结果在 1%的水平下显著；在经济竞争力弱的地区，金融发展水平每提高 1 个单位，R&D 经费内部支出提高

0.5586个单位,且这一结果在1%的水平下显著;在东部地区,金融发展水平每提高1个单位,R&D经费内部支出提高0.7486个单位,且这一结果在1%的水平下显著;在中部地区,金融发展水平每提高1个单位,R&D经费内部支出提高0.5895个单位,且这一结果在1%的水平下显著;在西部地区,金融发展水平每提高1个单位,R&D经费内部支出提高0.5898个单位,且这一结果在10%的水平下显著;在东北部地区,金融发展水平每提高1个单位,R&D经费内部支出提高0.5762个单位,且这一结果在1%的水平下显著。

(二) R&D人员投入

表6.3报告了人口老龄化对技术进步衡量指标之一R&D人员投入的区域异质性影响。从实证结果可以看出,不同区域,不论是经济竞争力强还是经济竞争力弱的地区,人口老龄化对R&D人员投入的影响均为负,并且人口老龄化对东部、中部、西部以及东北地区R&D人员投入的影响均为负。

表6.3 人口老龄化对技术进步(R&D人员投入)影响区域异质性实证检验

rdp	经济竞争力强 model1	经济竞争力弱 model2	东部 model3	中部 model4	西部 model5	东北 model6
$older$	−4.0644***	−9.3710**	−0.9419*	−4.9186*	−4.8337**	−0.0395*
	(1.3673)	(4.0636)	(0.5226)	(2.2748)	(1.7902)	(1.1973)
$child$	−0.0338**	−0.2706**	−1.7143***	−1.6470*	−0.1779**	−0.7528*
	(1.1501)	(0.6065)	(0.5593)	(2.1949)	(0.5947)	(1.7327)
$urban$	0.6035***	1.4665*	0.3534**	7.4798*	2.6817**	0.4261**
	(0.6482)	(1.2938)	(0.3221)	(2.9570)	(2.0966)	(0.4954)
$market$	0.2545	0.3557	0.3632*	1.8706**	−0.0096	0.8488*
	(0.5468)	(0.4821)	(0.1869)	(0.5896)	(0.4320)	(0.4640)

续表

rdp	经济竞争力强 model1	经济竞争力弱 model2	东部 model3	中部 model4	西部 model5	东北 model6
$open$	0.0515***	0.0061***	0.0343***	0.0966**	0.0184**	0.0462*
	(0.0687)	(0.0404)	(0.0400)	(0.0529)	(0.0485)	(0.0411)
$infrastructure$	0.1107*	0.1635*	−0.0785	0.3202	0.0516	−0.0345
	(0.0706)	(0.0843)	(0.0592)	(0.1852)	(0.0608)	(0.0920)
$finance$	0.4869***	0.3161**	0.2691***	0.0192	0.1940	−0.0135
	(0.0625)	(0.1355)	(0.0401)	(0.1285)	(0.1622)	(0.0399)
$constant$	7.9193***	8.1264***	3.8982***	5.8826***	8.1295***	0.2526
	(0.6519)	(0.5165)	(0.4981)	(0.7299)	(0.3903)	(1.0590)
N	225	210	130	90	150	39

Standard errors in parentheses
* $p < 0.1$, ** $p < 0.05$, *** $p < 0.01$

在经济竞争力强的地区，人口老龄化程度每加深1个单位，R&D人员投入下降4.0644个单位，这一结果在1%的水平下显著；在经济竞争力弱的地区，人口老龄化程度每加深1个单位，R&D人员投入下降9.3710个单位，这一结果在5%的水平下显著；在东部地区，人口老龄化程度每加深1个单位，R&D人员投入支出下降0.9419个单位，这一结果在10%的水平下显著；在中部地区，人口老龄化程度每加深1个单位，R&D人员投入支出下降4.9186个单位，这一结果在10%的水平下显著；在西部地区，人口老龄化程度每加深1个单位，R&D人员投入支出下降4.8337个单位，这一结果在5%的水平下显著；在东北部地区，人口老龄化程度每加深1个单位，R&D人员投入下降0.0395个单位，这一结果在10%的水平下显著。可能的原因为人口老龄化形势加剧带来劳动年龄人口数量减少，R&D人员投入量会相应地减少。

对比经济竞争力强的地区和经济竞争力弱的地区可以发现，在经济竞争力弱的地区，人口老龄化对R&D人员投入量的负面影响更大。可能的原因是，在经济竞争力弱的地区，产业仍以劳动力密集型为主，地区的经济增长模式也主要依靠劳动力要素投入驱动，而经济竞争力强的地区，产业主要以技术和资本密集型为主，此外，经济竞争力强的地区有大量青年劳动力不断涌入，这有助于降低经济竞争力强的地区的人口老龄化程度。因而在经济竞争力强的地区，由人口老龄化带来的劳动力减少对R&D人员投入量的冲击较弱，人口老龄化对经济竞争力弱的地区的R&D人员投入量的负面影响较大。

对比我国东、中、西和东北地区人口老龄化对R&D人员投入量的影响可以发现，人口老龄化对东部地区R&D人员投入量的影响非常小，而对中部地区R&D人员投入量的影响较大。可能的原因为，东部发达地区产业信息化和技术化程度高，对全国各地科研人员的吸引力较大，在东部地区，科研人员容易集聚产生强大的集聚效应，缓解了人口老龄化对R&D人员投入量负面的冲击效应，因而人口老龄化对东部地区R&D人员投入量的负面影响较小；而中部地区省份的科研人员的基数小，所占比例相比东部地区也较小，随着人口老龄化程度加深，科研人员逐渐达到退休年龄退出劳动力市场，因而人口老龄化对中部地区R&D人员投入量的负面影响较大。人口老龄化对东北地区R&D人员投入量影响较小，可能的原因是，东北地区以传统工业为主，R&D人员的需求量较小，科研人员达到退休年龄退出劳动力市场对R&D人员的总体影响也较小，因此人口老龄化对东北地区R&D人员投入的影响反而较小。

在所选的控制变量中，（1）在经济竞争力强和经济竞争力弱的地区，少儿抚养比对R&D人员投入的影响均为负，在经济竞争力强的地区，少儿抚养比每增加1个单位，R&D人员投入降低0.0338个单位，且这一结果在5%的水平下显著；在经济竞争力弱的地区，少儿抚养比每增加1个单位，R&D人员投入降低0.2706个单位，且这一结果在5%的水平下显著。在我国不同区域，少儿抚养比对R&D人员投入的影响均为负，在东部地区，少儿抚养比每增加1个单位，R&D人员投入降低1.7143个单位，且这一结果在1%的水平下显著；在中部地区，少儿抚养比每增加1个单位，R&D人员投入降低1.6470个单位，且这一结果在10%的水平下显著；在西部地区，少儿抚养比每增加1个单位，R&D人员投入降低0.1779个单位，且这一结果在5%的水平下显著；在东北部地区，少儿抚养比每增加1个单位，R&D人员投入降低0.7528个单位，且这一结果在10%的水平下显著；（2）在经济竞争力强和经济竞争力弱的地区，城镇化对R&D人员投入的影响均为正，在经济竞争力强的地区，城镇化程度每提高1个单位，R&D人员投入提高0.6035个单位，且这一结果在1%的水平下显著；在经济竞争力弱的地区，城镇化程度每提高1个单位，R&D人员投入提高1.4665个单位，且这一结果在10%的水平下显著。在我国不同区域，城镇化对R&D人员投入的影响均为正，在东部地区，城镇化程度每提高1个单位，R&D人员投入提高0.3534个单位，且这一结果在5%的水平下显著；在中部地区，城镇化程度每提高1个单位，R&D人员投入提高7.4798个单位，且这一结果在10%的水平下显著；在西部地区，城镇化程度每提高1个单位，R&D人员投入提高2.6817个单位，且这一结果在5%的水平下显著；在东北部地区，城镇化程度每提高1个单位，R&D人员投入提高0.4261个单位，且这一结果在5%的水平下显著；（3）市场化对R&D人员投入为正，在东部地区，市场化每提高1个单位，R&D人员投入提高0.3632个单位，这一结果在10%的水平下显著；在中部地区，市场化每提高 1 个单位，R&D 人员投入提高 1.8706 个单位，这一结果在 5%的水平下显著；在东北部地区，市场化每提高 1 个单位，R&D 人员投入提高 0.8488 个单位，这一结果在 10%的水平下显著；（4）无论在经济竞争力强的地区，还是经济竞争力弱的地区，对外开放对 R&D 人员投入的影响均为正，在经济竞争力强的地区，对外开放程度每提高 1 个单位，R&D 人员投入提高 0.0515 个单位，且这一结果在 1%的水平下显著；在经济竞争力弱的地区，对外开放程度每提高 1 个单位，R&D 人员投入提高 0.0061 个单位，且这一结果在 1%的水平下显著。在我国不同地区，对外开放对 R&D 人员投入的影响均为正，在东部地区，对外开放程度每提高 1 个单位，R&D 人员投入提高 0.0343 个单位，且这一结果在 1%的水平下显著；在中部地区，对外开放程度每提高 1 个单位，R&D 人员投入提高 0.0966 个单位，且这一结果在 5%的水平下显著；在西部地区，对外开放程度每提高 1 个单位，R&D 人员投入提高 0.0184 个单位，且这一结果在 5%的水平下显著；在东北地区，对外开放程度每提高 1 个单位，R&D 人员投入提高 0.0462 个单位，且这一结果在 10%的水平下显著；（5）基础设施对 R&D 人员投入的影响为正，在经济竞争力强的地区，基础设施程度每提高 1 个单位，R&D 人员投入提高 0.1107 个单位，且这一结果在 10%的水平下显著；在经济竞争力弱的地区，基础设施程度每提高 1 个单位，R&D 人员投入提高 0.1635 个单位，且这一结果在 10%的水平下显著；（6）金融发展水平对 R&D 人员投入的影响除东北部地区均为正，在经济竞争力强的地区，金融发展水平每提高 1 个单位，R&D 人员投入提高 0.4869 个单位，且这一结果在 1%的水平下显著；在经济竞争力弱的地区，金融发展水平每提高 1 个单位，R&D 人员投入提高 0.3161 个单位，且这一结果在 5%的水平下显著；在东部地区，金融发展水平每提高 1 个单位，R&D 人员投入提高 0.2691 个单位，且这一结果在 1% 的水平下显著；在其他地区，金融发展水平对 R&D 经费内部支出影响不显著，这一结果可能在一定程度上与其他地区金融发展水平不高相关。

二、人口老龄化对科技成果转化影响的区域异质性检验

表 6.4 报告了人口老龄化对技术进步衡量指标之一有效专利数量的区域异质性影响。从实证结果可以看出，不同地区人口老龄化对有效专利数量的影响均为负。

表 6.4　人口老龄化对技术进步（有效专利数量）影响区域异质性实证检验

patent	经济竞争力强 model1	经济竞争力弱 model2	东部 model3	中部 model4	西部 model5	东北 model6
older	−3.3684***	−4.0221**	−1.6079***	−11.1231***	−1.7892***	−6.5292***
	(1.0029)	(1.6147)	(1.4706)	(1.7134)	(3.2002)	(1.8186)
child	−2.0451**	−1.6586*	−0.8256***	−0.9710***	−1.6502**	−1.6353**
	(2.6324)	(0.9748)	(3.3091)	(1.7028)	(1.5931)	(3.2670)
urban	1.7947*	5.8545***	3.5240**	1.6006**	6.6056***	0.5856**
	(2.5104)	(0.8484)	(3.2182)	(1.6867)	(1.4717)	(1.0446)
market	−0.3590	0.1461	−0.3931	−0.9108	0.5922	−2.3802
	(0.5112)	(0.4267)	(0.7519)	(0.8034)	(0.5330)	(0.3833)
open	0.1347***	0.0680**	0.1258***	0.3159**	0.1071**	0.0772**
	(0.0946)	(0.0265)	(0.0866)	(0.1542)	(0.0433)	(0.0306)
infrastructure	0.4419*	0.4161**	0.5573	−0.1011	0.8784*	1.1445***
	(0.3334)	(0.1993)	(0.4326)	(0.5246)	(0.4511)	(0.1315)
finance	1.1525***	0.7757**	1.1157***	1.1347**	0.5782**	0.8812**

续表

patent	经济竞争力强 model1	经济竞争力弱 model2	东部 model3	中部 model4	西部 model5	东北 model6
	(0.2299)	(0.0849)	(0.3156)	(0.1899)	(0.1442)	(0.0383)
constant	1.2349*	0.2930	1.2820***	1.5805	-0.4222	3.2289***
	(0.6623)	(0.5018)	(0.4045)	(1.8653)	(0.9400)	(0.8262)
N	165	154	110	66	110	33

Standard errors in parentheses
*$p<0.1$, **$p<0.05$, ***$p<0.01$

在经济竞争力强的地区，人口老龄化程度每加深1个单位，有效专利数量下降3.3684个单位，这一结果在1%的水平下显著；在经济竞争力弱的地区，人口老龄化程度每加深1个单位，有效专利数量下降4.0221个单位，这一结果在5%的水平下显著；在东部地区，人口老龄化程度每加深1个单位，有效专利数量下降1.6079个单位，这一结果在1%的水平下显著；在中部地区，人口老龄化程度每加深1个单位，有效专利数量下降11.1231个单位，这一结果在1%的水平下显著；在西部地区，人口老龄化程度每加深1个单位，有效专利数量下降1.7892个单位，这一结果在5%的水平下显著；在东北部地区，人口老龄化程度每加深1个单位，有效专利数量下降6.5292个单位，这一结果在1%的水平下显著。可能的原因为，专利作为科研投入的转化，在人口老龄化程度加深对科研人员投入影响为负的前提下，人口老龄化对专利的影响也相应为负。

对比经济竞争力强和经济竞争力弱的地区，人口老龄化对经济竞争力弱的地区的专利数量的影响较大，结合上文分析中人口老龄化对经济竞争力弱的地区的R&D经费支出和R&D人员投入的影响较经济竞争力强的地区大，人口老龄化对经济竞争力弱的地区的有效专利数量的负面影响也相应较大。比较全国不同区域，人口老龄化对东部地区有效专利数量的影响最小，对中部地区有效专利数量的影响最大。可能是因为东部发达省份有大量研发人员不停涌入，极易形成人才集聚，这使得人口老龄化对东部地区研发人员投入影响较小，相应地，人口老龄化对有效专利数量影响也较小。不同于东部地区，中部地区很少有外来研发人员流入，因而人口老龄化程度加深会造成研发人员达到退休年龄后逐渐退出劳动力市场，人口老龄化对有效专利数量影响也相应较大。人口老龄化对西部地区有效专利数量影响也较小，可能的原因是，西部地区产业较为原始，技术型和信息型产业较少，因而对研发人员以及需要保护的技术专利的需求少，相应地，即使人口老龄化程度加深使得研发人员逐渐退出劳动力市场，对技术转化的专利的冲击也较小，因此在西部地区人口老龄化对有效专利数量的影响也相对较小。

在所选的控制变量中，（1）无论在经济竞争力强还是经济竞争力弱的地区，少儿抚养比对有效专利数量的影响均为负，在经济竞争力强的地区，少儿抚养比每增加1个单位，有效专利数量下降2.0451个单位，且这一结果在5%的水平下显著；在经济竞争力弱的地区，少儿抚养比每增加1个单位，有效专利数量下降1.6586个单位，且这一结果在10%的水平下显著。在我国不同区域，少儿抚养比对有效专利数量的影响均为负，在东部地区，少儿抚养比每增加1个单位，有效专利数量下降0.8256个单位，且这一结果在1%的水平下显著；在中部地区，少儿抚养比每增加1个单位，有效专利数量下降0.9710个单位，且这一结果在1%的水平下显著；在西部地区，少儿抚养比每增加1个单位，有效专利数量下降1.6502个单位，且这一结果在5%的水平下显著；在东北部地区，少儿抚养比每增加1个单位，有效专利数量下降1.6353

个单位,且这一结果在5%的水平下显著;(2)在经济竞争力强和经济竞争力弱的地区,城镇化对有效专利数量的影响均为正,在经济竞争力强的地区,城镇化程度每提高1个单位,有效专利数量提高1.7947个单位,且这一结果在10%的水平下显著;在经济竞争力弱的地区,城镇化程度每提高1个单位,有效专利数量提高5.8545个单位,且这一结果在1%的水平下显著。在我国不同区域,城镇化对有效专利数量的影响均为正,在东部地区,城镇化程度每提高1个单位,有效专利数量提高3.5240个单位,且这一结果在5%的水平下显著;在中部地区,城镇化程度每提高1个单位,有效专利数量提高1.6006个单位,且这一结果在5%的水平下显著;在西部地区,城镇化程度每提高1个单位,有效专利数量提高6.6056个单位,且这一结果在1%的水平下显著;在东北部地区,城镇化程度每提高1个单位,有效专利数量提高0.5856个单位,且这一结果在5%的水平下显著;(3)在经济竞争力强的地区和经济竞争力弱的地区,对外开放对有效专利数量的影响均为正,在经济竞争力强的地区,对外开放程度每提高1个单位,有效专利数量提高0.1347个单位,且这一结果在1%的水平下显著;在经济竞争力弱的地区,对外开放程度每提高1个单位,有效专利数量提高0.0680个单位,且这一结果在5%的水平下显著。在我国不同区域,对外开放对有效专利数量的影响均为正,在东部地区,对外开放程度每提高1个单位,有效专利数量提高0.1258个单位,且这一结果在1%的水平下显著;在中部地区,对外开放程度每提高1个单位,有效专利数量提高0.3159个单位,且这一结果在5%的水平下显著;在西部地区,对外开放程度每提高1个单位,有效专利数量提高0.1071个单位,且这一结果在5%的水平下显著;在东北地区,对外开放程度每提高1个单位,有效专利数量提高0.0772个单位,且这一结果在5%的水平下显著;(4)基础设施对有效专利数量的影响为正，在经济竞争力强的地区，基础设施程度每提高1个单位，有效专利数量提高0.4419个单位，且这一结果在10%的水平下显著；在经济竞争力弱的地区，基础设施程度每提高1个单位，有效专利数量提高0.4161个单位，且这一结果在5%的水平下显著；在西部地区，基础设施水平每提高1个单位，有效专利数量提升0.8784个单位，且这一结果在10%的水平下显著；在东北部地区，基础设施程度每提高1个单位，有效专利数量提高1.1445个单位，且这一结果在1%的水平下显著；（5）金融发展水平对有效专利数量的影响均为正，在经济竞争力强的地区，金融发展水平每提高1个单位，有效专利数量提高1.1525个单位，且这一结果在1%的水平下显著；在经济竞争力弱的地区，金融发展水平每提高1个单位，有效专利数量提高0.7757个单位，且这一结果在1%的水平下显著；在东部地区，金融发展水平每提高1个单位，有效专利数量提高1.1157个单位，且这一结果在1%的水平下显著；在中部地区，金融发展水平每提高1个单位，有效专利数量提高1.1347个单位，且这一结果在1%的水平下显著；在西部地区，金融发展水平每提高1个单位，有效专利数量提高0.5782个单位，且这一结果在1%的水平下显著；在东北部地区，金融发展水平每提高1个单位，有效专利数量提高0.8812个单位，且这一结果在1%的水平下显著。

三、人口老龄化对全要素生产率影响的区域异质性检验

表6.5报告了人口老龄化对技术进步衡量指标之一全要素生产率的区域异质性影响。从实证结果可以看出，不同区域，不论是经济竞争力强还是经济竞争力弱的地区，人口老龄化对全要素生产率的影响均为正，同时，人口老龄化对东部、中部、西部以及东北地区全要素生产率

的影响均为正。

表6.5 人口老龄化对技术进步（全要素生产率）影响区域异质性实证检验

tfp	经济竞争力强 model1	经济竞争力弱 model2	东部 model3	中部 model4	西部 model5	东北 model6
older	0.3253***	0.2762**	0.3863***	0.0071**	0.1440**	0.0728**
	(0.1123)	(0.1341)	(0.1588)	(0.2697)	(0.1792)	(0.1313)
child	−0.0105***	−0.1002***	−0.1361**	−0.0538**	−0.1668***	−0.1084*
	(0.0679)	(0.1647)	(0.1336)	(0.1104)	(0.1714)	(0.3844)
urban	0.0263**	0.0153***	0.0339***	0.0892***	0.1299**	0.3258***
	(0.0385)	(0.0969)	(0.0592)	(0.0582)	(0.2866)	(0.0586)
market	0.0426***	0.0672*	0.0637***	0.0087**	0.0379***	0.0436***
	(0.0459)	(0.0325)	(0.0411)	(0.1122)	(0.0432)	(0.0339)
open	0.0183***	0.0066***	0.0050**	0.0061**	0.0098*	0.0325***
	(0.0051)	(0.0048)	(0.0055)	(0.0123)	(0.0052)	(0.0072)
infrastructure	0.0010	0.0200	0.0078	0.0244**	0.0229	0.0632***
	(0.0041)	(0.0148)	(0.0068)	(0.0123)	(0.0169)	(0.0218)
finance	0.0217***	0.0236**	0.0156**	0.0161**	0.0365*	0.0400***
	(0.0047)	(0.0084)	(0.0072)	(0.0082)	(0.0225)	(0.0113)
constant	0.0945**	0.2287**	0.1230*	0.1359	0.2195**	0.2075**
	(0.0433)	(0.0788)	(0.0690)	(0.1174)	(0.0933)	(0.1002)
N	225	210	150	90	150	45

Standard errors in parentheses
* $p<0.1$, ** $p<0.05$, *** $p<0.01$

在经济竞争力强的地区，人口老龄化程度每加深1个单位，全要素生产率提高0.3253个单位，这一结果在1%的水平下显著；在经济竞争力弱的地区，人口老龄化程度每加深1个单位，全要素生产率上升

0.2762个单位，这一结果在5%的水平下显著；在东部地区，人口老龄化程度每加深1个单位，全要素生产率上升0.3863个单位，这一结果在1%的水平下显著；在中部地区，人口老龄化程度每加深1个单位，全要素生产率上升0.0071个单位，这一结果在5%的水平下显著；在西部地区，人口老龄化程度每加深1个单位，全要素生产率上升0.1440个单位，这一结果在5%的水平下显著；在东北部地区，人口老龄化程度每加深1个单位，全要素生产率上升0.0728个单位，这一结果在5%的水平下显著。结合前文的理论机制分析，人口老龄化程度加深带来劳动力数量减少，一方面，从代际福利角度看，教育支出会提高投资回报，促使人力资本水平提高；另一方面，政府倾向于通过提高劳动力质量以促进经济增长，因此，人口老龄化程度加深通过提高人力资本水平反而使全要素生产率提升。

对比经济竞争力强和经济竞争力弱的地区发现，人口老龄化对经济竞争力强的地区的全要素生产率的促进作用较大。可以解释为，一方面，人口老龄化对经济竞争力强的地区研发投入和技术转化的冲击较小，因而技术进步对经济增长的贡献相对较大；另一方面，经济竞争力强的地区对人才的吸引力较大，强大的人才集聚效应使得该地区人力资本积累较高，促进了地区的技术进步。相反，经济竞争力较弱的地区，人口老龄化对研发投入和技术转化的冲击较大，进而影响全要素生产率的提高，同时，经济竞争力弱的地区对人才的吸引力较弱，人力资本积累较缓慢，对全要素生产率的促进作用较为有限。比较全国不同区域人口老龄化对全要素生产率的影响可以得出，人口老龄化对东部地区全要素生产率的促进作用较为明显，东部地区以沿海发达城市为主，本身对科研人员的吸引力较大，随着人口老龄化程度加深，这些地区会更加重视人才的引进和培养，能够充分激发人力资本对技术进步的促进作用，

<<< 第六章 进一步分析:动态效应和区域异质性分析

因此人口老龄化对全要素生产率的积极作用较为显著。相比于东部地区,人口老龄化对中部、西部和东北部全要素生产率的促进作用较弱。

在所选的控制变量中,(1)无论在经济竞争力强还是经济竞争力弱的地区,少儿抚养比对全要素生产率的影响均为负,在经济竞争力强的地区,少儿抚养比每增加 1 个单位,全要素生产率下降 0.0105 个单位,且这一结果在 1% 的水平下显著;在经济竞争力弱的地区,少儿抚养比每增加 1 个单位,全要素生产率下降 0.1002 个单位,且这一结果在 1% 的水平下显著。在我国不同区域,少儿抚养比对全要素生产率的影响均为负,在东部地区,少儿抚养比每增加 1 个单位,全要素生产率下降 0.1361 个单位,且这一结果在 5% 的水平下显著;在中部地区,少儿抚养比每增加 1 个单位,全要素生产率下降 0.0538 个单位,且这一结果在 5% 的水平下显著;在西部地区,少儿抚养比每增加 1 个单位,全要素生产率下降 0.1668 个单位,且这一结果在 1% 的水平下显著;在东北部地区,少儿抚养比每增加 1 个单位,全要素生产率下降 0.1084 个单位,且这一结果在 10% 的水平下显著。(2)在经济竞争力强和经济竞争力弱的地区,城镇化对全要素生产率的影响均为正,在经济竞争力强的地区,城镇化程度每提高 1 个单位,全要素生产率提高 0.0263 个单位,且这一结果在 5% 的水平下显著;在经济竞争力弱的地区,城镇化程度每提高 1 个单位,全要素生产率提高 0.0153 个单位,且这一结果在 1% 的水平下显著。在我国不同区域,城镇化对全要素生产率的影响均为正,在东部地区,城镇化程度每提高 1 个单位,全要素生产率提高 0.0339 个单位,且这一结果在 1% 的水平下显著;在中部地区,城镇化程度每提高 1 个单位,全要素生产率提高 0.0892 个单位,且这一结果在 1% 的水平下显著;在西部地区,城镇化程度每提高 1 个单位,全要素生产率提高 0.1299 个单位,且这一结果在 5% 的水平下显著;在东北部地区,城镇化程度每提高1个单位,全要素生产率提高0.3258个单位,且这一结果在1%的水平下显著。(3)在经济竞争力强和经济竞争力弱的地区,市场化对全要素生产率的影响均为正,在经济竞争力强的地区,市场化程度每提高1个单位,全要素生产率提高0.0426个单位,且这一结果在1%的水平下显著;在经济竞争力弱的地区,市场化程度每提高1个单位,全要素生产率提高0.0672个单位,且这一结果在10%的水平下显著。在我国不同区域,市场化对全要素生产率的影响均为正,在东部地区,市场化程度每提高1个单位,全要素生产率提高0.0637个单位,且这一结果在1%的水平下显著;在中部地区,市场化程度每提高1个单位,全要素生产率提高0.0087个单位,且这一结果在10%的水平下显著;在西部地区,市场化程度每提高1个单位,全要素生产率提高0.0379个单位,且这一结果在5%的水平下显著;在东北部地区,市场化程度每提高1个单位,全要素生产率提高0.0436个单位,且这一结果在1%的水平下显著。(4)在经济竞争力强和经济竞争力弱的地区,对外开放对全要素生产率的影响均为正,在经济竞争力强的地区,对外开放程度每提高1个单位,全要素生产率提高0.0183个单位,且这一结果在1%的水平下显著;在经济竞争力弱的地区,对外开放程度每提高1个单位,全要素生产率提高0.0066个单位,且这一结果在1%的水平下显著。在我国不同区域,对外开放对全要素生产率的影响均为正,在东部地区,对外开放程度每提高1个单位,全要素生产率提高0.0050个单位,且这一结果在5%的水平下显著;在中部地区,对外开放程度每提高1个单位,全要素生产率提高0.0061个单位,且这一结果在5%的水平下显著;在西部地区,对外开放程度每提高1个单位,全要素生产率提高0.0098个单位,且这一结果在10%的水平下显著;在东北部地区,对外开放程度每提高1个单位,全要素生产率提高 0.0325 个单位,且这一结果在 1% 的水平下显著。(5)基础设施对全要素生产率的影响为正,在中部地区,基础设施程度每提高 1 个单位,全要素生产率提高 0.0244 个单位,且这一结果在 5% 的水平下显著;在东北部地区,基础设施程度每提高 1 个单位,全要素生产率提高 0.0632 个单位,且这一结果在 1% 的水平下显著;在其他地区,基础设施对全要素生产率的影响不显著。(6)金融发展水平对全要素生产率的影响均为正,在经济竞争力强的地区,金融发展水平每提高 1 个单位,全要素生产率提高 0.0217 个单位,且这一结果在 1% 的水平下显著;在经济竞争力弱的地区,金融发展水平每提高 1 个单位,全要素生产率提高 0.0236 个单位,且这一结果在 5% 的水平下显著;在东部地区,金融发展水平每提高 1 个单位,全要素生产率提高 0.0156 个单位,且这一结果在 5% 的水平下显著;在中部地区,金融发展水平每提高 1 个单位,全要素生产率提高 0.0161 个单位,且这一结果在 5% 的水平下显著;在西部地区,金融发展水平每提高 1 个单位,全要素生产率提高 0.0365 个单位,且这一结果在 10% 的水平下显著;在东北部地区,金融发展水平每提高 1 个单位,全要素生产率提高 0.0400 个单位,且这一结果在 1% 的水平下显著。

第七章

研究结论与政策建议

第一节 主要结论

本书在梳理国内外相关文献的基础上，首先，定量描述我国人口老龄化和技术进步的现状特征与变化趋势。其次，以微观和宏观相结合的方式较为系统和全面地分析了人口老龄化通过人力资本作用于技术进步的理论机制，并且在世代交叠模型（OLG 模型）和索洛模型的基础上，引入人力资本，构建了人口老龄化、人力资本和技术进步的数理模型。最后，采用固定效应模型、中介效应模型、门槛模型和动态面板模型（GMM 模型）实证检验了人口老龄化通过人力资本影响技术进步的具体效应和中间作用机制。通过进行理论分析和实证研究，本书得出的主要结论如下：

第一，总体效应。人口老龄化对人力资本的影响为正，并且人口老龄化对技术进步的作用并不单一。一方面，由于人口老龄化最直接影响的是劳动年龄人口数量，且从长期看，人口老龄化会影响人力资本水平，因此本书采用动态面板模型（GMM 模型）检验了人口老龄化对劳动力供给数量、人力资本水平和劳动生产率的具体影响。研究结果表明，人口老龄化对劳动力供给数量和劳动生产率的影响均为负，对人力资本水平有正向作用。这一结论表明，在人口老龄化趋势下，可以实现人力资本红利对人口数量红利的替代。另一方面，本书采用固定效应模型检验了人口老龄化对技术进步的具体效应。随着人口老龄化程度加深，国家的养老负担加重，对科研经费形成挤出效应，实证检验结果显示的人口老龄化对R&D人员和R&D经费内部支出的影响为负支持了这一理论分析。人口老龄化程度加深对研发投入的挤出进一步导致了科研成果转化受到负面影响。值得注意的是，人口老龄化对全要素生产率的影响为正，一定程度上可以理解为，因为人口老龄化对人力资本有正向作用，且人力资本在生产中发挥的"内在效应"和"外在效应"促进了技术进步。

第二，中介效应。本书采用中介效应模型进行实证研究，验证了人口老龄化通过人力资本作用于技术进步的中间传导机制。在对人口老龄化影响人力资本和技术进步总效应进行实证检验后发现，一方面，人口老龄化对劳动力供给数量和R&D人员投入影响均为负，另一方面，人口老龄化对人力资本和全要素生产率的影响均为正。结合理论机制的分析和数理模型的结论，对这种总体效应上呈现的高度关联性有必要进一步采用计量模型进行中间传导机制的检验，有鉴于此，本书还用中介效应模型采用我国2003—2017年省份面板数据检验了人口老龄化是否通过人力资本作用于技术进步。实证检验结果与理论机制分析和数理模型推演结论保持一致，即这一中间传导机制确实存在。可以理解为，人口老龄化带来劳动力数量减少，人力资本收益反而随之提高，这激励了国家和个人提高人力资本投资，促进了人力资本积累，进一步看，由于人力资本在生产中存在"内在效应"和"外在效应"，因而人力资本水平提高更加有助于推动技术进步。

第三，门槛效应。当人力资本作为门槛变量时，人口老龄化对技术进步的影响呈现非线性特征，人力资本水平越高，人口老龄化对技术进步的正向作用越大。在实证检验人口老龄化通过人力资本作用于技术进步这一中间传导机制确实存在的基础上，本书采用我国2003—2017年省份面板数据运用门槛模型检验人口老龄化趋势下人力资本对技术进步产生的具体效应。研究结果表明，当迈过人力资本的门槛值时，人口老龄化对研发投入和科研成果转化的负效应明显减弱，并且人口老龄化对全要素生产率的正向影响显著提高。不同省份迈过人力资本门槛值的时间早晚不同，一般而言，发达省份较早迈过人力资本的门槛值，人口老龄化对全要素生产率的正向作用也显现得较早。这一研究结论进一步表明，在人口老龄化趋势下，加大人力资本投资，提高人力资本水平，实现人力资本红利对人口数量红利的替代是促进技术进步的现实路径。

第四，动态效应。人口老龄化对科研投入和科研成果的消极效应随着时间推移而减弱。与此同时，人口老龄化对全要素生产率的正向影响在长期也较短期有所减弱。考虑我国人口老龄化程度随着时间而发生变化，并且，毋庸置疑的是，技术发展需要资金和人才的积累，并非一蹴而就。有鉴于此，本书采取动态面板模型（GMM模型）进一步观察长期人口老龄化对技术进步的影响。研究结果表明，从长期来看，随着人力资本水平逐渐提高，人口老龄化对技术进步的影响效应随着时间推移而减弱。可以理解为，一方面，即使人口老龄化程度逐渐加深，但在经济总量不断增加的情况下，社保支出占经济总量的比例会有所减少，相应地，人口老龄化对科研投入的挤出效应也随之减弱；另一方面，人口老龄化程度加深引发个体和国家加大人力资本投资，有效促进人力资本水平大幅度提升，进一步看，科研人员比例会随之提高，从这一角度看，人口老龄化对R&D人员投入和专利数量的负面影响在长期被人力资本提升所削弱。此外，值得注意的是，在长期，根据人口结构演变的规律看，我国人口老龄化的增长速度将趋于缓慢，同时人力资本也将达到较高水平，有鉴于此，人口老龄化对全要素生产率的促进作用将相应有所减弱。

第五，区域异质性。人口老龄化对技术进步的影响表现出区域异质性特征，整体上看，人口老龄化对科研投入、科研成果转化的负向影响在欠发达地区更加明显，而人口老龄化对全要素生产率的正向影响则在发达地区更加凸显。由于我国是一个幅员辽阔、人口众多的国家，不同地区经济发展水平差异很大，实证研究得出了人口老龄化对技术进步具体的区域异质性影响。在经济竞争力强的地区，由于经济总量较大且经济增速较快，社保支出相应所占比例较小，因而人口老龄化对R&D经费内部支出的挤出效应较小；与此同时，高人力资本水平劳动力的不断涌入，也有助于减弱人口老龄化对R&D人员投入量的冲击，相应地，人口老龄化对经济发达地区的科研成果转化的负面影响也较小。人口老龄化对发达地区的全要素生产率促进作用较大，可以理解为，一方面，人口老龄化对经济竞争力强的地区的研发投入和技术转化的冲击较小，因而技术进步对经济增长的贡献相对较大；另一方面，经济竞争力强的地区对人才的吸引力较大，强大的人才集聚效应会促进地区的技术进步。

第二节　政策建议

一是顺应人口老龄化趋势，积极探索人口老龄化社会的经济发展动力。我国人口老龄化程度不断加深已经成为不可逆转的趋势，已有文献侧重于强调人口老龄化的负面影响，但本书通过研究发现，人口老龄化对经济增长新动力即技术的影响是复杂的。虽然人口老龄化对科研投入具有挤出效应，但是对全要素生产率的影响为正。因此，应该充分激发人口老龄化对技术进步的促进作用，而非一味地唱衰人口老龄化社会。实际上，随着人口老龄化程度加深，社会对养老、医疗和保健产业的需求会逐渐增加。各级政府可以鼓励地区发展"银发"产业，引导和支持与老龄相关产业的发展，这些产业的发展将形成对相关技术旺盛的需求，从而诱发相关技术的创新和进步。例如，目前正值人工智能等智能化技术迅速发展之际，智能化技术在养老、医疗和保健产业的应用，既能迎合经济社会发展的需要，也有助于智能化技术的扩散与更新。

二是尽快制定和实施延迟退休年龄的政策。针对不同行业的特点，制定和实施延迟退休年龄政策的弹性制度，这样可以在一定程度上提高经济社会中劳动力所占比例，并且能够释放一些行业高龄劳动力特有的推动技术进步的潜力。例如，纯体力行业劳动力可以按照现行退休年龄退休，而脑力和技能型岗位的劳动力可以适当延迟退休。目前，与世界上一些国家相比，我国劳动力退休年龄较早。从人力资本积累角度看，高龄劳动力往往具备熟练的技能、丰富的经验和知识，人力资本水平较高，这部分劳动力到退休年龄后退出劳动力市场不利于企业或者国家长期知识和人力资本的积累，进而延缓技术进步的速度。分行业延迟退休年龄，可以充分发挥高龄劳动力丰富经验和熟练技能对技术进步的推动作用，并且，将高龄劳动力具有丰富知识、经验以及熟练技能的优势和中青年劳动力具有较强的学习和创新能力的优势相结合，可以有效促进新技术的产生、扩散和应用。从这一角度看，分行业延迟劳动力的退休年龄，可以从个体、总量以及整体上提高全社会人力资本水平，进而激发人力资本对技术进步的促进作用。

三是完善社会保障体系，诱发个体在青壮年时期增加私人人力资本投资。根据生命周期理论，青壮年在工作时期进行储蓄以备老年期的消费，在社会保障体系不完善的情况下，个体会增加用于老年期消费的储蓄比例，这对个体人力资本投资形成挤出效应。完善社会保障体系，可以有效减少个体进行预防性储蓄对私人人力资本投资的挤出效应，提高私人人力资本水平，从而充分激发人力资本对技术进步的推动作用。

四是通过各种方式和渠道增加人力资本投资，提高人力资本水平。当前我国正面临着人口老龄化和经济动力转换的双重挑战，更需要增加人力资本投资，将我国由劳动力数量大国转换成人力资源强国，从而充分发挥人力资本对技术进步的促进作用。在日益严峻的人口老龄化形势下，政府需重视人力资本投资：其一，应加大教育投入，增加受教育和培训的机会，同时鼓励企业对员工开展在职培训，提升我国整体劳动力受教育水平，并且将培养技能型人才作为提升人力资本的关键。其二，制定促进人力资本支出的税收支持政策，通过各项优惠政策降低企业和个人用于人力资本的支出成本，提高人力资本的投资回报率，加强人力资本的长期投入。其三，不断深化教育体制改革，建立和完善与时俱进的教育体系。不仅要重视教育质量的提高，从整体上提高人力资本质量，还要注意在中学和大学设置与前沿技术相关的课程，及早培养青少年对前沿技术的兴趣，以便为研发储备相关人才。其四，要重视高层次人才的培养，提高研发人员所占比例，这样才能更加有效地推进技术进步。

五是应充分利用人口老龄化对技术进步影响的区域异质性特征，引导和促进技术在区域间的扩散和应用。人口老龄化程度加深会引起劳动力市场的震荡，例如，劳动力数量减少会带来劳动力成本的变动，可以借助劳动力成本变动的趋势促进劳动力在区域间流动，从而推动技术在区域间的转移和扩散。结合本书得出的在经济较不发达的省份，人口老龄化对科研投入挤出效应较大的结论，政府可以制定相关政策，积极引导、鼓励和支持劳动力返乡创业，大规模劳动力返乡创业有助于产生集聚，同时容易激发人力资本的溢出效应，进而推动不发达省份的技术进步。

六是激励和引导企业增加研发投入。人口老龄化程度加深会使国家社会保障支出增加，这项支出不可避免地会对研发投入形成挤出效应。有鉴于此，一方面，各级财政要充分发挥财政资金的引导作用，各级政府应制定相关政策激励银行、基金、证券以及风险投资等金融资源流向技术创新和研发领域；另一方面，政府要积极支持创新型和技术研发型企业，适当减少企业税收，降低企业研发成本，从而起到鼓励企业积极进行研发的效果。

第三节 本书的不足之处与需要进一步研究的问题

本书从理论角度较为系统全面地分析了人口老龄化通过人力资本作用于技术进步的内在机制，并在世代交叠模型（OLG模型）和索洛模型的基础上，引入人力资本，构建人口老龄化、人力资本与技术进步的数理模型，进而建立计量模型检验人口老龄化、人力资本与技术进步的直接影响、中间传导机制、门槛效应、动态效应以及区域异质性影响。但由于受时间、研究水平和知识面等因素的限制，本书还存在以下不足：

国家制度和政策的制定与实施势必会影响经济社会的各个方面，诸如与本书研究相关的计划生育政策、二孩政策等，对我国人口老龄化产生不容忽视的影响，再如义务教育制度和本科生研究生扩招等的相关政策会影响我国人力资本水平，这些都会进一步作用于技术进步。本书在实证研究过程中侧重于检验目前我国人口老龄化通过人力资本影响技术进步的效应，对于与研究问题相关的政策的量化和评估存在不足，在今后的研究中可以进一步对有关政策进行量化分析。

毫无疑问，经济社会中变量之间的影响是错综复杂的，本书在研究人口老龄化对技术进步作用机制的过程中，选取人力资本这一关键变量，是因为人力资本是技术进步的核心要素，并且人口老龄化会影响人力资本。然而，在现实生活中，人口老龄化对技术进步影响的中间传导机制不仅局限于人力资本，还可能存在其他一些影响变量。因而本研究在广度上仍有拓展的空间，在深度上还可以继续挖掘。

附　录

附录1　1992—2017年全国研究与试验发展（R&D）人员全时当量（万人年）

年份	总量	基础研究	应用研究	试验发展
1992	67.43	5.84	20.9	40.7
1993	69.78	6.33	21.49	41.96
1994	78.32	7.64	24.2	46.48
1995	75.17	6.66	22.79	45.71
1996	80.4	6.96	23.65	49.79
1997	83.12	7.17	25.27	50.68
1998	75.52	7.87	24.97	42.68
1999	82.17	7.6	24.15	50.42
2000	92.21	7.96	21.96	62.28
2001	95.65	7.88	22.6	65.17
2002	103.51	8.4	24.73	70.39
2003	109.48	8.97	26.03	74.49
2004	115.26	11.07	27.86	76.33
2005	136.48	11.54	29.71	95.23
2006	150.25	13.13	29.97	107.14
2007	173.62	13.81	28.6	131.21
2008	196.54	15.4	28.94	152.2
2009	229.13	16.46	31.53	181.14

续表

年份	总量	基础研究	应用研究	试验发展
2010	255.38	17.37	33.56	204.46
2011	288.29	19.32	35.28	233.73
2012	324.68	21.22	38.38	265.09
2013	353.28	22.32	39.56	291.4
2014	371.06	23.54	40.7	306.82
2015	375.88	25.32	43.04	307.53
2016	387.81	27.47	43.89	316.44
2017	403.36	29.01	48.96	325.39

资料来源：1993—2018年《中国科技统计年鉴》。

附录2 1999—2017年各省份研究与试验发展（R&D）人员全时当量（人年）

时间	北京市	天津市	河北省	山西省	内蒙古自治区	辽宁省	吉林省
1999	84731	19172	19933	14327	7309	43296	20524
2000	98753	23237	28842	14333	8465	48545	24051
2001	95255	23893	28222	16152	7997	52784	17913
2002	114919	26216	32899	17183	8679	64703	19580
2003	109947	28808	34438	18483	8686	56031	19480
2004	151542	29553	34823	18504	11417	59967	22156
2005	171045	33441	41703	27438	13504	66104	25642
2006	168398	37164	43740	38767	14751	69048	28456
2007	187578	44854	45334	36864	15373	77157	32509
2008	189551	48348	46155	43986	18264	76673	31731
2009	191779	52039	56509	47772	21676	80925	39393
2010	193718	58771	62305	46279	24765	84654	45313
2011	217255	74293	73025	47355	27604	80977	44815
2012	235493	89609	78533	47029	31819	87180	49961

续表

时间	北京市	天津市	河北省	山西省	内蒙古自治区	辽宁省	吉林省
2013	242175	100219	89546	49035	37280	94885	48008
2014	245384	113335	100946	48955	36435	99586	49774
2015	245728	124321	106975	42873	38248	85366	49276
2016	253337	119384	111384	44147	39480	87839	48252
2017	269835	103087	113191	47694	33030	88858	45530

时间	黑龙江省	上海市	江苏省	浙江省	安徽省	福建省	江西省	山东省
1999	21510	39469	55465	14898	17463	12773	13901	45699
2000	25634	59501	71057	24991	25355	22485	17966	48185
2001	32219	51965	78839	35919	24403	24810	15149	46804
2002	34198	54749	90574	39973	23748	22448	15335	72630
2003	34635	56211	98054	46580	25107	26614	16999	78260
2004	39233	59089	103295	63100	24113	31792	19225	72255
2005	44203	67048	128028	80120	28405	35716	22064	91142
2006	45068	80201	138876	102761	29875	40238	25797	96637
2007	48205	90145	160482	129393	36163	47593	27123	116470
2008	50717	95129	195333	159589	49465	59270	28241	160420
2009	54159	132859	273273	185069	59697	63269	33055	164620
2010	61854	134952	315831	223484	64169	76737	34823	190329
2011	66599	148500	342765	253687	81087	96884	37517	228608
2012	65118	153361	401920	278110	103047	114492	38152	254013
2013	62660	165755	466159	311042	119342	122544	43512	279331
2014	62648	168173	498801	338398	129319	135866	43469	286352
2015	56598	171798	520303	364710	133558	126572	46548	297845
2016	54942	183932	543438	376553	135829	132155	50620	301480
2017	47406	183462	560002	398091	140452	140325	61897	304820

续表

时间	河南省	湖北省	湖南省	广东省	广西壮族自治区	海南省	重庆市	四川省
1999	27097	32910	19484	44125	7390	978	12504	49818
2000	34629	44544	28909	71107	13015	1150	16174	60223
2001	36138	44167	28672	79052	9532	927	16491	48180
2002	41492	55509	29228	86881	12085	848	17572	61312
2003	40742	51901	26988	93812	13188	1040	17744	57867
2004	42126	50311	31334	93051	14801	1409	20739	60117
2005	51181	61226	38044	119359	17947	1225	24619	66382
2006	59692	62100	39752	147233	18940	1209	26826	68584
2007	64879	67403	44942	199464	20141	1262	31563	78849
2008	71494	72751	50253	238684	23243	1726	34421	86736
2009	92571	91161	63843	283650	29856	4210	35005	85921
2010	101467	97924	72637	344692	33987	4893	37078	83800
2011	118041	113920	85783	410805	40135	5397	40698	82485
2012	128323	122748	100032	492327	41268	6787	46122	98010
2013	152252	133061	103414	501718	40664	6962	52612	109708
2014	161444	140741	107432	506862	41208	7514	58354	119676
2015	158858	135481	114869	501696	38269	7713	61520	116842
2016	166279	136608	119345	515649	39903	7840	68055	124614
2017	162504	139990	130829	565287	36857	7715	79149	144821

时间	贵州省	云南省	西藏自治区	陕西省	甘肃省	青海省	宁夏回族自治区	新疆维吾尔自治区
1999	5685	9229	204	49948	14906	1521	1467	7175
2000	8131	11114	254	64127	18429	2173	2598	4156
2001	9488	11703	220	57275	17291	2005	2821	4551
2002	8960	13938	559	60533	14693	2037	2975	5317
2003	8623	12943	617	54239	16888	2265	2718	5335

续表

时间	贵州省	云南省	西藏自治区	陕西省	甘肃省	青海省	宁夏回族自治区	新疆维吾尔自治区
2004	7793	14695	426	49020	14420	2649	3515	6141
2005	9779	14798	599	53656	16795	2590	4046	6986
2006	10737	16027	1013	59458	16696	2610	4412	7408
2007	11365	17819	675	65072	18769	2915	5565	8863
2008	11458	19754	635	64752	20118	2501	5153	8810
2009	13093	21110	1332	68040	21158	4603	6920	12655
2010	15087	22552	1259	73218	21661	4858	6378	14382
2011	15886	25092	1081	73501	21332	5006	7358	15451
2012	18732	27817	1199	82428	24290	5181	8073	15671
2013	23888	28483	1203	93494	25047	4767	8234	15822
2014	23969	30523	1262	97138	27122	4731	9500	15662
2015	23537	39535	1130	92618	25859	4008	9247	16949
2016	24124	41116	1126	94755	25759	4166	9004	16945
2017	28290	46576	1249	98188	23738	5656	9859	15212

资料来源：2000—2018年《中国科技统计年鉴》。

附录3　1997—2017年全国研究与试验发展（R&D）经费内部支出（亿元）

年份	R&D经费内部支出	基础研究	应用研究	试验发展	占GDP的比重（%）
1995	348.69	18.06	92.02	238.6	0.57
1996	404.48	20.24	99.12	285.12	0.56
1997	509.16	27.44	132.46	349.26	0.64
1998	551.12	28.95	124.62	397.54	0.65
1999	678.91	33.9	151.55	493.46	0.75
2000	895.66	46.73	151.9	697.03	0.89
2001	1042.49	55.6	184.85	802.03	0.94

续表

年份	R&D经费内部支出	基础研究	应用研究	试验发展	占GDP的比重（%）
2002	1287.64	73.77	246.68	967.2	1.06
2003	1539.63	87.65	311.45	1140.52	1.12
2004	1966.33	117.18	400.49	1448.67	1.21
2005	2449.97	131.21	433.53	1885.24	1.31
2006	3003.1	155.76	488.97	2358.37	1.37
2007	3710.24	174.52	492.94	3042.78	1.37
2008	4616.02	220.82	575.16	3820.04	1.44
2009	5802.11	270.29	730.79	4801.03	1.66
2010	7062.58	324.49	893.79	5844.3	1.71
2011	8687.01	411.81	1028.39	7246.81	1.78
2012	10298.41	498.81	1161.97	8637.63	1.91
2013	11846.6	554.95	1269.12	10022.53	1.99
2014	13015.63	613.54	1398.53	11003.56	2.02
2015	14169.88	716.12	1528.64	11925.13	2.06
2016	15676.75	822.89	1610.49	13243.36	2.11
2017	17606.13	975.49	1849.21	14781.43	2.13

资料来源：1993—2018年《中国科技统计年鉴》。

附录4　1999—2017年各省份研究与试验发展（R&D）经费内部支出（万元）

时间	北京市	天津市	河北省	山西省	内蒙古自治区	辽宁省	吉林省
1999	1216091.7	130719.2	146760.6	80361.7	18568.3	299420.5	80621.3
2000	1556635	246931	262738	98942	33444	416934	133741
2001	1711696	251553	257504	108238	38828	538980	165428
2002	2195401	311878	336031	144131	48285	715605	264085
2003	2562518	404290	380530	158256	63898	829699	278001

续表

时间	北京市	天津市	河北省	山西省	内蒙古自治区	辽宁省	吉林省
2004	3173331	537501	438428	233570	77951	1069142	355065
2005	3820683	725659	589320	262814	116956	1247086	393039
2006	4329877	952370	766640	363388	164860	1357857	409212
2007	5053870	1146921	900165	492506	241982	1653989	508658
2008	5503499	1557166	1091113	625574	338950	1900662	528364
2009	6686351	1784661	1348446	808563	520726	2323687	813602
2010	8218234	2295644	1554492	898835	637205	2874703	758005
2011	9366439	2977580	2013377	1133926	851685	3638348	891337
2012	10633640	3604866	2457670	1323458	1014468	3908680	1098010
2013	11850469	4280921	2818551	1549799	1171877	4459322	1196882
2014	12687953	4646868	3130881	1521871	1221346	4351851	1307243
2015	13840231	5101839	3508708	1325268	1360617	3633971	1414089
2016	14845762	5373223	3834274	1326237	1475124	3727165	1396668
2017	15796512	4587227	4520312	1482347	1323278	4298825	1280073

时间	黑龙江省	上海市	江苏省	浙江省	安徽省	福建省	江西省	山东省
1999	143198.2	510470.2	463974.9	125154.5	112233.9	98699.4	62316.7	319883.7
2000	149414	737779	729995	333538	200215	211918	81882	519501
2001	201389	880804	922703	414138	210513	226181	77617	609310
2002	232880	1102663	1172582	542865	256977	243999	117173	881631
2003	326765	1289187	1504625	752256	324219	375019	169772	1038442
2004	353502	1711168	2139777	1155471	379356	458874	215281	1421242
2005	489073	2083538	2698292	1632921	458994	536186	285314	1951449
2006	570294	2588386	3460695	2240315	593365	674333	377619	2341299
2007	660437	3074569	4301988	2816032	717914	821721	487867	3123081
2008	866999	3553868	5809124	3445714	983208	1019288	631468	4337171

续表

时间	黑龙江省	上海市	江苏省	浙江省	安徽省	福建省	江西省	山东省
2009	1091704	4233774	7019529	3988367	1359535	1353819	758936	5195920
2010	1230434	4817031	8579491	4942349	1637219	1708982	871527	6720045
2011	1287788	5977131	10655109	5980834	2146439	2215151	967529	8443667
2012	1459588	6794636	12878616	7225867	2817953	2709891	1136552	10203266
2013	1647838	7767847	14874466	8172675	3520833	3140589	1354972	11758027
2014	1613469	8619549	16528208	9078500	3936070	3550325	1531114	13040695
2015	1576677	9361439	18012271	10111792	4317511	3929298	1731820	14271890
2016	1525048	10493187	20268734	11306590	4751329	4542920	2073091	15660904
2017	1465898	12052052	22600621	12663398	5649198	5430888	2558030	17530070
时间	河南省	湖北省	湖南省	广东省	广西壮族自治区	海南省	重庆市	四川省
1999	139038.4	288327.9	133324.8	657013.1	21321.1	17492.6	65374.5	352695.1
2000	248024	348239	192442	1071166	83597	8306	101294	448848
2001	283090	368494	239755	1374337	80046	8457	99904	574712
2002	293151	478834	262135	1564491	90478	12178	126195	619233
2003	341910	548173	300904	1798393	112389	12126	174401	794211
2004	423556	566204	370442	2112055	118659	20870	236525	780122
2005	555824	749531	445235	2437605	145947	15950	319586	965760
2006	798419	944297	536174	3130433	182403	21044	369140	1078405
2007	1011299	1113179	735536	4042910	220030	26020	469876	1391401
2008	1222763	1489859	1127040	5025577	328306	33479	601525	1602595
2009	1747599	2134490	1534995	6529820	472028	57806	794599	2144590
2010	2111675	2641180	1865584	8087478	628696	70204	1002663	2642695
2011	2644923	3230129	2332181	10454872	810205	103717	1283560	2941009
2012	3107802	3845239	2876780	12361501	971539	137244	1597973	3508589
2013	3553246	4462043	3270253	14434527	1076790	148357	1764911	3999702

续表

时间	河南省	湖北省	湖南省	广东省	广西壮族自治区	海南省	重庆市	四川省
2014	4000099	5108973	3679345	16054458	1119033	169151	2018528	4493285
2015	4350430	5617415	4126692	17981679	1059124	169685	2470012	5028761
2016	4941880	6000423	4688418	20351440	1177487	217095	3021830	5614193
2017	5820538	7006253	5685310	23436283	1421787	231099	3646309	6378500

时间	贵州省	云南省	西藏自治区	陕西省	甘肃省	青海省	宁夏回族自治区	新疆维吾尔自治区
1999	29809	55445.4	944.2	317689.4	75115.9	8358.1	8979.3	25951.4
2000	41774	67995	2412	494570	72565	12937	16488	32381
2001	53486	76982	2006	516917	83833	11747	15341	32070
2002	60722	97928	4926	607149	109594	20823	19505	35182
2003	78853	110074	3104	679914	127702	24070	23828	37957
2004	86772	125061	3633	834788	143946	30364	30513	60134
2005	110349	213233	3497	924462	196136	29554	31681	64087
2006	145113	209187	4832	1013558	239530	33412	49749	84760
2007	137434	258776	6964	1217106	257220	38093	74724	100169
2008	189298	309909	12285	1432726	318014	39092	75490	160113
2009	264134	372304	14385	1895063	372612	75938	104422	218043
2010	299665	441672	14599	2175042	419385	99438	115101	266545
2011	363089	560797	11530	2493548	485261	125756	153183	330031
2012	417261	687548	17839	2872035	604762	131228	182304	397289
2013	471850	798371	23033	3427454	669194	137541	209042	454598
2014	554795	859297	23519	3667730	768739	143235	238580	491587
2015	623196	1093570	31242	3931727	827203	115843	254842	520010
2016	734006	1327616	22184	4195554	869850	139977	299269	566301
2017	958815	1577604	28648	4609363	884070	179109	389357	569519

资料来源：2000—2018年《中国科技统计年鉴》。

附录5 按执行部门分组的研究与试验发展（R&D）经费内部支出（亿元）

年份	R&D经费内部支出	企业	所占比例	研究与开发机构	所占比例	高等学校	所占比例	其他	所占比例
2000	895.7	537	0.60	258	0.29	76.7	0.09	24	0.03
2001	1042.5	630	0.60	288.5	0.28	102.4	0.10	21.6	0.02
2002	1287.6	787.8	0.61	351.3	0.27	130.5	0.10	18	0.01
2003	1539.6	960.2	0.62	399	0.26	162.3	0.11	18.1	0.01
2004	1966.3	1314	0.67	431.7	0.22	200.9	0.10	19.7	0.01
2005	2450	1673.8	0.68	513.1	0.21	242.3	0.10	20.8	0.01
2006	3003.1	2134.5	0.71	567.3	0.19	276.8	0.09	24.5	0.01
2007	3710.2	2681.9	0.72	687.9	0.19	314.7	0.08	25.7	0.01
2008	4616	3381.7	0.73	811.3	0.18	390.2	0.08	32.9	0.01
2009	5802.1	4248.6	0.73	995.9	0.17	468.2	0.08	89.4	0.02
2010	7062.6	5185.5	0.73	1186.4	0.17	597.3	0.08	93.4	0.01
2011	8687	6579.3	0.76	13067	1.50	688.9	0.08	112.1	0.01
2012	10298.4	7842.2	0.76	1548.9	0.15	780.6	0.08	126.7	0.01
2013	11846.6	9075.8	0.77	1781.4	0.15	856.7	0.07	132.6	0.01
2014	13015.6	10060.6	0.77	19262	1.48	898.1	0.07	130.7	0.01
2015	14169.9	10881.3	0.77	2136.5	0.15	998.6	0.07	153.5	0.01
2016	15676.7	12144	0.77	2260.2	0.14	1072.2	0.07	200.4	0.01
2017	17606.1	13660.2	0.78	2435.7	0.14	1266	0.07	244.2	0.01

资料来源：2001—2018年《中国科技统计年鉴》。

附录6 1993—2017年各省份固定资本存量（亿元）

年份	北京市	天津市	河北省	山西省	内蒙古自治区	辽宁省	吉林省	黑龙江省	上海市
1993	326.82	246.16	530.37	242.60	219.39	731.60	252.94	335.00	624.31
1994	671.19	494.95	1056.34	479.06	429.72	1511.27	496.95	663.87	1235.95
1995	1031.05	737.74	1565.60	707.78	626.40	2248.58	740.59	980.86	1802.40
1996	1387.41	961.64	2044.03	925.48	814.67	2925.87	966.47	1276.74	2355.83
1997	1717.81	1163.72	2480.37	1124.02	981.78	3550.98	1181.36	1551.43	2853.06
1998	2016.28	1340.55	2854.98	1297.47	1135.14	4106.51	1375.52	1799.68	3284.41
1999	2281.93	1495.80	3185.16	1451.25	1276.82	4601.87	1555.75	2019.79	3654.97
2000	2523.66	1633.94	3486.62	1593.67	1408.18	5053.93	1723.04	2222.29	3985.40
2001	2742.14	1756.22	3754.78	1725.76	1527.48	5460.84	1875.91	2403.28	4285.13
2002	2938.92	1863.76	3990.67	1845.07	1636.57	5830.35	2016.30	2565.52	4554.60
2003	3125.26	1967.40	4215.79	1960.34	1740.98	6183.87	2145.26	2719.90	4812.48
2004	3313.12	2082.11	4462.54	2079.51	1848.17	6546.38	2274.50	2879.17	5092.77
2005	3484.31	2188.33	4695.94	2195.72	1954.70	6898.53	2396.97	3031.18	5349.11
2006	3639.08	2285.37	4916.24	2304.46	2059.81	7234.83	2514.29	3176.46	5578.50
2007	3792.00	2380.59	5140.38	2415.64	2165.57	7581.30	2633.60	3327.32	5811.35
2008	3971.02	2497.02	5412.87	2562.75	2286.51	7993.07	2768.58	3506.39	6085.10

续表

年份	北京市	天津市	河北省	山西省	内蒙古自治区	辽宁省	吉林省	黑龙江省	上海市
2009	4113.55	2591.86	5626.84	2686.17	2389.03	8323.26	2886.42	3653.11	6302.11
2010	4254.95	2685.93	5847.23	2811.05	2499.35	8657.15	3001.52	3811.32	6528.91
2011	4414.50	2791.17	6089.40	2945.28	2620.97	9036.42	3128.11	3993.93	6790.26
2012	4564.84	2885.01	6307.96	3070.24	2735.70	9387.78	3242.80	4161.53	7017.48
2013	4698.26	2966.71	6501.98	3183.88	2836.41	9701.08	3345.06	4311.58	7222.03
2014	4817.24	3041.54	6676.74	3283.43	2925.41	9976.47	3437.16	4445.38	7409.25
2015	4908.26	3107.86	6814.99	3364.20	2996.86	10194.18	3508.38	4558.68	7547.10
2016	4987.58	3164.63	6933.11	3436.23	3058.62	10377.93	3566.12	4656.14	7666.27
2017	5087.03	3232.16	7095.79	3527.94	3126.84	10593.29	3638.18	4763.15	7835.28

年份	江苏省	浙江省	安徽省	福建省	江西省	山东省	河南省	湖北省	湖南省	广东省
1993	1201.41	683.83	324.83	349.64	222.47	1024.84	485.19	377.95	330.54	1275.44
1994	2448.11	1378.40	679.77	686.94	453.33	2100.61	946.95	744.83	669.91	2546.67
1995	3661.68	2053.08	1021.63	1005.71	677.54	3138.21	1389.04	1092.36	1008.16	3785.93
1996	4791.14	2665.41	1340.59	1308.45	893.32	4102.65	1804.49	1419.38	1329.91	4948.55
1997	5786.07	3207.25	1630.60	1582.92	1089.78	4967.86	2191.36	1720.34	1624.57	5996.27
1998	6649.03	3670.48	1889.19	1819.34	1271.12	5728.89	2528.76	1990.98	1899.16	6955.85

续表

年份	江苏省	浙江省	安徽省	福建省	江西省	山东省	河南省	湖北省	湖南省	广东省
1999	7393.21	4068.95	2116.74	2024.05	1428.63	6402.31	2818.13	2230.02	2146.27	7801.86
2000	8072.89	4426.65	2326.55	2207.38	1573.22	7033.84	3092.49	2450.91	2377.03	8575.44
2001	8690.82	4748.81	2511.45	2368.85	1698.85	7615.53	3339.46	2648.33	2588.82	9268.48
2002	9267.19	5040.08	2681.13	2511.63	1810.88	8149.00	3552.12	2823.45	2779.08	9881.59
2003	9846.39	5328.01	2847.89	2644.54	1925.87	8664.09	3763.57	2994.85	2961.91	10463.88
2004	10511.65	5633.94	3024.47	2776.82	2051.43	9226.81	4012.33	3176.31	3151.56	11088.86
2005	11120.45	5909.39	3186.78	2897.71	2165.06	9772.13	4243.34	3349.25	3339.03	11674.29
2006	11684.29	6168.30	3340.82	3013.93	2277.14	10286.18	4459.98	3512.77	3522.60	12208.83
2007	12273.70	6438.71	3505.14	3142.94	2395.78	10807.46	4684.26	3680.15	3717.91	12728.64
2008	12984.76	6767.12	3701.11	3284.85	2539.57	11398.20	4947.91	3880.90	3949.17	13350.57
2009	13571.88	7026.11	3852.83	3401.75	2652.06	11870.37	5155.25	4052.72	4153.48	13839.14
2010	14197.08	7303.67	4017.97	3521.58	2770.96	12352.84	5366.15	4233.76	4360.95	14332.82
2011	14897.04	7629.05	4212.39	3658.70	2911.11	12903.28	5611.13	4440.45	4593.27	14882.62
2012	15489.86	7910.27	4392.05	3782.54	3040.47	13409.22	5837.84	4636.72	4812.41	15404.42
2013	16029.51	8161.03	4553.53	3893.47	3157.61	13867.98	6039.16	4815.13	5017.13	15899.57
2014	16535.11	8391.28	4699.43	3994.48	3262.51	14282.78	6218.68	4981.02	5210.57	16373.54
2015	16900.77	8567.62	4809.72	4075.66	3341.74	14608.58	6358.75	5124.82	5386.01	16774.23

续表

年份	江苏省	浙江省	安徽省	福建省	江西省	山东省	河南省	湖北省	湖南省	广东省
2016	17200.96	8719.44	4903.11	4148.05	3412.40	14882.24	6477.14	5253.73	5545.41	17138.05
2017	17630.55	8917.44	5031.84	4241.38	3501.79	15233.90	6642.44	5409.03	5729.87	17578.02

年份	广西壮族自治区	海南省	四川省	贵州省	云南省	陕西省	甘肃省	青海省	宁夏回族自治区	新疆维吾尔自治区
1993	278.07	144.82	381.17	122.11	287.57	247.41	98.42	41.03	52.67	264.90
1994	560.23	285.69	748.88	246.99	583.11	496.97	198.58	81.06	106.27	533.69
1995	822.44	419.28	1081.68	368.85	859.70	741.34	298.31	119.12	159.58	791.82
1996	1067.89	545.15	1398.31	485.53	1120.95	982.50	393.19	154.69	211.92	1039.69
1997	1287.75	661.16	1690.19	591.76	1373.04	1214.58	481.22	187.86	260.12	1271.38
1998	1483.47	765.66	1939.37	686.50	1604.56	1427.62	560.10	216.70	304.59	1484.87
1999	1644.92	858.13	2163.73	770.01	1813.66	1621.72	631.76	242.46	344.03	1671.73
2000	1793.40	943.75	2367.70	847.96	2006.24	1807.35	700.02	266.21	382.46	1850.86
2001	1932.32	1020.63	2556.15	918.11	2181.86	1985.89	763.62	287.55	417.86	2019.61
2002	2057.20	1085.96	2726.42	980.99	2338.45	2152.57	820.62	308.18	449.96	2170.81
2003	2174.57	1149.84	2888.09	1040.79	2486.73	2307.70	873.81	327.61	480.37	2318.22
2004	2294.88	1216.97	3063.31	1102.25	2651.08	2463.49	929.06	346.41	511.36	2466.87
2005	2407.14	1279.12	3238.60	1159.50	2817.57	2617.42	981.62	364.32	540.74	2610.62

续表

年份	广西壮族自治区	海南省	四川省	贵州省	云南省	陕西省	甘肃省	青海省	宁夏回族自治区	新疆维吾尔自治区
2006	2511.57	1336.49	3409.60	1212.48	2974.20	2765.63	1034.77	381.62	568.04	2747.84
2007	2613.09	1399.59	3586.61	1265.98	3133.26	2915.04	1086.63	399.43	595.13	2888.67
2008	2733.12	1483.50	3812.73	1330.13	3310.70	3090.93	1143.86	421.52	627.26	3063.36
2009	2831.69	1552.91	4003.91	1388.34	3459.10	3244.32	1197.51	441.80	656.11	3209.38
2010	2931.43	1626.76	4189.50	1445.71	3605.12	3398.68	1251.56	462.40	685.89	3361.56
2011	3045.55	1708.11	4387.18	1508.08	3759.28	3566.16	1308.40	485.21	720.01	3532.75
2012	3149.91	1785.80	4569.96	1566.98	3904.36	3729.42	1363.12	507.15	752.07	3688.61
2013	3243.40	1853.23	4735.59	1621.50	4039.81	3885.99	1412.70	527.84	780.43	3830.27
2014	3333.72	1914.93	4886.58	1672.59	4166.17	4031.77	1457.11	546.97	806.60	3958.22
2015	3408.96	1968.37	5007.27	1714.51	4273.77	4154.96	1492.17	562.65	827.16	4063.09
2016	3473.87	2016.28	5113.60	1748.77	4370.28	4264.25	1520.92	576.33	845.07	4156.07
2017	3550.84	2069.71	5258.35	1792.74	4483.74	4391.35	1557.79	593.09	867.38	4257.63

资料来源：作者根据文中所述方法测算所得。

附录 7　2003—2017 年全国及地区全要素生产率

时间	全国	东部	中部	西部	东北
2003	0.0811	0.0841	0.0622	0.0759	0.0672
2004	0.0952	0.0947	0.0833	0.0902	0.0836
2005	0.0942	0.0916	0.0849	0.0969	0.0838
2006	0.1018	0.1000	0.0903	0.0983	0.1032
2007	0.1146	0.1102	0.1093	0.1176	0.1109
2008	0.0818	0.0652	0.0848	0.0930	0.0984
2009	0.0859	0.0758	0.0833	0.1022	0.0992
2010	0.0991	0.0886	0.1044	0.1069	0.1087
2011	0.0783	0.0592	0.0854	0.1032	0.0959
2012	0.0729	0.0604	0.0760	0.0943	0.0755
2013	0.0690	0.0482	0.0790	0.0879	0.0572
2014	0.0626	0.0604	0.0645	0.0687	0.0416
2015	0.0731	0.0696	0.0818	0.0706	0.0329
2016	0.0615	0.0659	0.0629	0.0677	0.0118
2017	0.0522	0.0607	0.0421	0.0591	0.0390

资料来源：作者根据文中介绍方法估算所得。

附录 8　2003—2017 年全国及各地区全要素生产率对经济增长的贡献

年份	全国	东部	中部	西部	东北
2003	0.66	0.63	0.58	0.66	0.62
2004	0.69	0.66	0.64	0.69	0.68
2005	0.72	0.68	0.67	0.73	0.70
2006	0.75	0.72	0.71	0.74	0.77
2007	0.78	0.75	0.75	0.80	0.78
2008	0.69	0.58	0.68	0.72	0.73
2009	0.74	0.70	0.70	0.77	0.78
2010	0.76	0.72	0.75	0.77	0.80
2011	0.67	0.56	0.67	0.75	0.76
2012	0.72	0.65	0.69	0.76	0.74

续表

年份	全国	东部	中部	西部	东北
2013	0.74	0.53	0.81	0.84	0.68
2014	0.77	0.74	0.72	0.78	0.71
2015	0.95	0.87	1.01	0.86	0.73
2016	0.85	0.87	0.79	0.86	0.55
2017	0.73	0.85	0.53	0.81	0.76

资料来源：作者根据本书估算全要素生产率和相关数据计算所得。

附录9 2003—2017年全国劳动、资本及全要素生产率对经济增长的贡献

时间	GDP增长率	劳动力增长率	劳动力对经济增长的贡献	资本增长率	资本对经济增长的贡献	全要素增长率	全要素生产率对经济增长的贡献
2003	0.1232	0.0201	0.1629	0.0609	0.4941	0.0811	0.6584
2004	0.1371	0.0191	0.1392	0.0614	0.4481	0.0952	0.6946
2005	0.1314	0.0169	0.1282	0.0547	0.4159	0.0942	0.7171
2006	0.1350	0.0152	0.1129	0.0487	0.3610	0.1018	0.7536
2007	0.1461	0.0130	0.0890	0.0476	0.3256	0.1146	0.7844
2008	0.1191	0.0177	0.1490	0.0540	0.4535	0.0818	0.6867
2009	0.1158	0.0157	0.1356	0.0419	0.3615	0.0859	0.7415
2010	0.1303	0.0187	0.1434	0.0413	0.3172	0.0991	0.7605
2011	0.1166	0.0288	0.2472	0.0447	0.3834	0.0783	0.6721
2012	0.1017	0.0164	0.1611	0.0391	0.3844	0.0729	0.7163
2013	0.0937	0.0134	0.1426	0.0342	0.3646	0.0690	0.7363
2014	0.0818	0.0066	0.0808	0.0303	0.3701	0.0626	0.7655
2015	0.0772	-0.0156	-0.2025	0.0235	0.3044	0.0731	0.9470
2016	0.0721	0.0005	0.0067	0.0199	0.2759	0.0615	0.8530
2017	0.0718	0.0132	0.1834	0.0246	0.3427	0.0522	0.7264

资料来源：作者根据本书估算全要素生产率和相关数据计算所得。

附录 10 2003—2017 年各省份全要素生产率

年份	北京市	天津市	河北省	山西省	内蒙古自治区	辽宁省	吉林省	黑龙江省	上海市
2003	0.0647	0.1009	0.0966	0.1308	0.1465	0.0822	0.0675	0.0718	0.1048
2004	0.0996	0.1233	0.0958	0.1097	0.1622	0.0906	0.0881	0.0818	0.1035
2005	0.0788	0.1156	0.1008	0.0980	0.2004	0.0890	0.0836	0.0829	0.0657
2006	-0.0162	0.1163	0.1050	0.0865	0.1429	0.1157	0.1183	0.0947	0.0961
2007	0.1081	0.1272	0.1001	0.1248	0.1544	0.1230	0.1308	0.0898	0.1320
2008	0.0078	0.1313	0.0636	0.0425	0.1385	0.1007	0.1265	0.0859	0.0644
2009	0.0731	0.1367	0.0715	0.0226	0.1272	0.1090	0.1059	0.0901	0.0610
2010	0.0641	0.1496	0.0943	0.1053	0.1068	0.1127	0.1104	0.1037	0.0927
2011	0.0375	0.0597	0.0821	0.0896	0.0893	0.1002	0.1031	0.0960	-0.0318
2012	0.0415	0.0942	0.0651	0.0673	0.0691	0.0708	0.0956	0.0767	0.0140
2013	0.0428	0.0945	0.0584	0.0575	0.0297	0.0440	0.0351	0.0609	0.0183
2014	0.0515	0.0916	0.0480	0.0323	0.0332	0.0484	0.0499	0.0494	0.0377
2015	0.0558	0.0807	0.0556	0.0220	0.0719	0.0335	0.0501	0.0525	0.0675
2016	0.0370	0.0893	0.0580	0.0369	0.0576	-0.0190	0.0554	0.0607	0.0682
2017	0.0617	0.0411	0.0676	0.0577	0.0263	0.0425	0.0422	0.0548	0.0551

183

续表

年份	江苏省	浙江省	安徽省	福建省	江西省	山东省	河南省	湖北省	湖南省	广东省
2003	0.1047	0.1055	0.0609	0.0783	0.0771	0.0989	0.0765	0.0563	0.0608	0.1064
2004	0.1001	0.0996	0.0918	0.0746	0.0871	0.1134	0.0978	0.0699	0.0693	0.0917
2005	0.1148	0.0822	0.0826	0.0889	0.0845	0.1159	0.1051	0.0801	0.0725	0.0835
2006	0.1232	0.1006	0.0955	0.1030	0.0860	0.1148	0.1093	0.0871	0.0819	0.1029
2007	0.1150	0.1154	0.1133	0.1270	0.0919	0.1069	0.1149	0.1110	0.1125	0.1113
2008	0.0895	0.0544	0.1013	0.0855	0.0877	0.0802	0.0861	0.0977	0.1006	0.0602
2009	0.0968	0.0538	0.0992	0.0951	0.0969	0.0938	0.0771	0.0995	0.1014	0.0676
2010	0.0961	0.0827	0.1182	0.1056	0.1016	0.0907	0.0956	0.1139	0.1089	0.0910
2011	0.0799	0.0449	0.1026	0.0724	0.0850	0.0738	0.0818	0.0884	0.0742	0.0578
2012	0.0821	0.0479	0.0968	0.0841	0.0747	0.0707	0.0725	0.0772	0.0774	0.0557
2013	-0.0219	0.0636	0.0708	0.0906	0.0704	0.1267	0.0638	0.0621	0.1497	-0.0037
2014	0.0593	0.0565	0.0735	0.0777	0.0695	0.0765	0.0627	0.0766	0.0740	0.0610
2015	0.0800	0.0707	0.0725	0.0777	0.0624	0.0747	0.0620	0.0724	0.2083	0.0687
2016	0.0779	0.0687	0.0762	0.0724	0.0665	0.0692	0.0642	0.0656	0.0688	0.0618
2017	0.0619	0.0666	0.0698	0.0657	0.0603	0.0634	0.0586	0.0663	-0.0988	0.0607

续表

年份	广西壮族自治区	海南省	四川省	贵州省	云南省	陕西省	甘肃省	青海省	宁夏回族自治区	新疆维吾尔自治区
2003	0.0672	0.0873	0.0814	0.0607	0.0533	0.0705	0.0547	0.1042	0.0661	0.0718
2004	0.0811	0.0573	0.0944	0.0754	0.0701	0.0813	0.0783	0.0791	0.0715	0.0522
2005	0.0989	0.0640	0.0914	0.0806	0.0514	0.0926	0.0783	0.0872	0.0745	0.0711
2006	0.1041	0.0888	0.0966	0.0857	0.0822	0.0937	0.0842	0.0961	0.0964	0.0711
2007	0.1364	0.1220	0.1120	0.1178	0.0864	0.1302	0.0938	0.0939	0.0934	0.0850
2008	0.0978	0.0619	0.0721	0.0807	0.0701	0.1264	0.0710	0.0905	0.0882	0.0692
2009	0.1115	0.0786	0.1143	0.0836	0.0906	0.1047	0.0767	0.0644	0.0938	0.0443
2010	0.1116	0.1281	0.1225	0.0942	0.0925	0.1150	0.0909	0.1186	0.1099	0.0657
2011	0.0942	0.0778	0.1228	0.1155	0.1040	0.1055	0.0970	0.0831	0.0912	0.0491
2012	0.0882	0.0488	0.1012	0.1030	0.1019	0.1092	0.0987	0.0971	0.0876	0.0744
2013	0.0766	0.0667	0.1286	0.0995	0.0971	0.0659	0.0707	0.0838	0.0703	0.0673
2014	0.0659	0.0559	0.0759	0.0894	0.0648	0.0772	0.0693	0.0661	0.0633	0.0666
2015	0.0669	0.0599	0.0705	0.0918	0.0740	0.0666	0.0690	0.0656	0.0595	0.0673
2016	0.0619	0.0539	0.0710	0.0903	0.0721	0.0642	0.0657	0.0667	0.0781	0.0689
2017	0.0585	0.0540	0.0671	0.0873	0.0793	0.0665	0.0235	0.0528	0.0647	0.0495

资料来源：作者根据本书估算全要素生产率和相关数据计算所得。

附录11 2003—2017年我国各省份人力资本测算结果

时间	北京市	天津市	河北省	山西省	内蒙古自治区	辽宁省	吉林省
2003	9.86	9.06	8.13	8.11	8.16	8.55	8.31
2004	10.39	9.49	8.40	8.28	8.41	8.84	8.65
2005	10.76	9.91	8.66	8.55	8.65	9.09	9.00
2006	11.08	10.22	8.88	8.70	8.91	9.17	9.24
2007	11.02	10.45	9.11	8.92	9.28	9.36	9.41
2008	11.15	10.85	9.36	9.07	9.31	9.59	9.51
2009	11.20	10.80	9.48	9.05	9.29	9.67	9.68
2010	11.26	10.91	9.51	9.14	9.47	9.79	9.78
2011	11.30	11.00	9.57	9.20	9.53	9.95	9.96
2012	11.22	11.08	9.49	9.22	9.64	10.00	10.01
2013	11.17	11.22	9.46	9.43	9.72	10.05	10.01
2014	11.15	11.25	9.49	9.68	9.84	10.16	10.11
2015	11.30	11.42	9.47	9.94	9.93	10.39	10.17
2016	11.24	11.43	9.35	9.87	9.97	10.34	10.25
2017	11.08	11.23	9.40	9.92	10.10	10.42	10.39

时间	黑龙江省	上海市	江苏省	浙江省	安徽省	福建省	江西省	山东省
2003	8.59	9.75	8.25	8.58	7.91	8.13	8.10	8.51
2004	8.70	10.22	8.59	8.85	8.11	8.28	8.41	8.68
2005	8.89	10.48	8.90	9.03	8.35	8.53	8.69	8.97
2006	9.14	10.66	9.08	9.09	8.52	8.78	9.09	9.21
2007	9.35	10.88	9.28	9.17	8.84	8.93	9.43	9.40
2008	9.52	10.93	9.57	9.26	8.83	9.09	9.41	9.50
2009	9.56	10.85	9.79	9.40	8.94	9.33	9.14	9.48
2010	9.66	10.79	10.04	9.51	9.14	9.48	9.20	9.46

续表

时间	黑龙江省	上海市	江苏省	浙江省	安徽省	福建省	江西省	山东省
2011	9.86	10.78	10.15	9.59	9.32	9.63	9.19	9.52
2012	9.87	10.76	10.16	9.63	9.41	9.63	9.18	9.52
2013	9.84	10.67	10.21	9.63	9.60	9.68	9.25	9.57
2014	10.19	10.69	10.27	9.68	9.73	9.77	9.43	9.61
2015	10.30	10.55	10.16	9.70	9.76	9.71	9.43	9.66
2016	10.20	10.52	10.03	9.62	9.81	9.62	9.45	9.75
2017	10.15	10.63	10.06	9.75	9.89	9.69	9.68	9.87

时间	河南省	湖北省	湖南省	广东省	广西壮族自治区	海南省	重庆市	四川省
2003	8.03	8.23	8.06	8.02	7.88	7.71	8.13	7.94
2004	8.15	8.48	8.44	8.10	8.01	7.87	8.33	8.22
2005	8.35	8.77	8.86	8.22	8.19	8.01	8.49	8.48
2006	8.57	9.09	9.14	8.31	8.37	8.12	8.63	8.59
2007	8.78	9.30	9.24	8.41	8.49	8.28	8.70	8.73
2008	8.85	9.67	9.42	8.51	8.54	8.46	8.79	8.79
2009	8.88	9.73	9.43	8.61	8.64	8.66	8.99	8.87
2010	8.96	9.80	9.40	8.72	8.73	8.92	9.16	8.99
2011	9.00	9.97	9.38	8.89	8.80	9.09	9.35	9.09
2012	8.97	10.17	9.37	9.09	8.88	9.17	9.52	9.15
2013	9.03	10.26	9.34	9.24	8.89	9.27	9.66	9.38
2014	9.19	10.46	9.40	9.41	8.97	9.41	9.83	9.54
2015	9.24	10.39	9.44	9.50	9.02	9.62	9.98	9.63
2016	9.25	10.32	9.43	9.47	9.02	9.74	9.97	9.59
2017	9.29	10.35	9.50	9.49	9.14	9.86	10.02	9.69

续表

时间	贵州省	云南省	西藏自治区	陕西省	甘肃省	青海省	宁夏回族自治区	新疆维吾尔自治区
2003	7.57	7.72	7.44	8.22	8.00	8.02	8.18	7.94
2004	7.77	7.87	7.72	8.52	8.17	8.18	8.40	8.09
2005	7.95	8.05	7.88	8.78	8.33	8.40	8.40	8.30
2006	8.09	8.17	8.07	8.96	8.46	8.56	8.53	8.49
2007	8.14	8.24	8.17	9.19	8.61	8.73	8.74	8.59
2008	8.17	8.30	8.35	9.36	8.71	8.79	8.60	8.71
2009	8.14	8.36	8.54	9.45	8.75	8.69	8.68	8.77
2010	8.19	8.40	8.51	9.63	8.84	8.66	8.77	8.83
2011	8.29	8.50	8.58	9.83	9.02	8.77	8.80	8.83
2012	8.36	8.56	8.63	9.94	9.14	8.73	8.87	8.87
2013	8.45	8.63	8.73	10.07	9.27	8.67	9.00	8.94
2014	8.65	8.74	8.77	10.27	9.54	8.74	9.13	8.96
2015	8.91	8.83	8.79	10.40	9.65	8.86	9.28	9.00
2016	9.06	8.92	8.90	10.51	9.63	8.98	9.32	9.07
2017	9.18	9.03	8.90	10.49	9.68	9.03	9.35	9.22

资料来源：作者根据统计年鉴基础数据按照本书人力资本计算公式估算所得。

参考文献

一、中文文献

[1] A. Landry. 人口革命 [Z]. 巴黎：法国人口研究所，1982.

[2] 加里·贝克尔. 人力资本 [M]. 北京：机械工业出版社，2016.

[3] 莱昂·瓦尔拉斯. 纯粹经济学要义或社会财富理论 [M]. 蔡受百，译. 北京：商务印书馆，2016.

[4] 刘铮. 人口学辞典 [M]. 北京：人民出版社，1986.

[5] 马寅初. 新人口论 [M]. 长春：吉林人民出版社，1997.

[6] 欧文·费雪. 利息理论 [M]. 北京：商务印书馆，2016.

[7] 欧文·费雪. 资本和收入的性质 [M]. 北京：商务印书馆，2017.

[8] 西奥多·舒尔茨. 对人进行投资——人口质量经济学 [M]. 北京：商务印书馆，2017.

[9] 西奥多·舒尔茨. 论人力资本投资 [M]. 北京：北京经济学院出版社，1992.

[10] 保罗·萨缪尔森，威廉·诺德豪斯. 经济学：下册 [M]. 北

京：中国发展出版社，1992.

[11] 蔡晓陈. 中国二元经济结构变动与全要素生产率周期性——基于原核算与对偶核算TFP差异的分析[J]. 管理世界, 2012 (6).

[12] 蔡秀云，李雪，汤寅昊. 公共服务与人口城市化发展关系研究[J]. 中国人口科学, 2012 (6).

[13] 蔡跃洲，付一夫. 全要素生产率增长中的技术效应和结构效应：基于中国宏观和产业数据的测算和分解[J]. 经济研究, 2017 (1).

[14] 陈超凡. 中国工业绿色全要素生产率及其影响因素：基于ML生产率指数及动态面板模型的实证研究[J]. 统计研究, 2016 (3).

[15] 陈静敏，陆铭，陈钊. 劳动力短缺时代有没有到来[J]. 经济学动态, 2008 (04).

[16] 陈秋霖，许多，周羿. 人口老龄化背景下人工智能的劳动力替代效应：基于跨国面板数据和中国省级面板数据的分析[J]. 中国人口科学, 2018 (6).

[17] 陈卫. 中国未来人口发展趋势：2005—2050年[J]. 人口研究, 2006 (4).

[18] 陈晓光. 人力资本向下兼容性及其对跨国收入水平核算的意义[J]. 经济研究, 2005 (04).

[19] 陈彦斌，林晨，陈小亮. 人工智能、老龄化与经济增长[J]. 经济研究, 2019 (7).

[20] 陈永伟，胡伟民. 价格扭曲、要素错配和效率损失：理论和应用[J]. 经济学（季刊）, 2011 (10).

[21] 程名望，贾晓佳，仇焕广. 中国经济增长（1978—2015）：灵感还是汗水？[J]. 经济研究, 2019 (7).

[22] 程时雄，柳剑平. 中国工业行业 R&D 投入的产出效率与影响因素 [J]. 数量经济技术经济研究，2014（2）.

[23] 邓大松，李玉娇. 医养结合养老模式：制度理性、供需困境与模式创新 [J]. 新疆师范大学学报（哲学社会科学版），2018（1）.

[24] 邓翔，张卫，王文静. 人口老龄化能否引致自动化 [J]. 现代经济探索，2018（12）.

[25] 杜鹏，谢立黎. 以社会可持续发展战略应对人口老龄化：芬兰老龄政策的经验及启示 [J]. 人口学刊，2013（6）.

[26] 杜鹏，翟振武，陈卫. 中国人口老龄化百年发展趋势 [J]. 人口研究，2005（6）.

[27] 方超，罗英姿. 教育人力资本及其溢出效应对中国经济增长的影响研究：基于 Lucas 模型的空间计量分析 [J]. 教育与经济，2016（4）.

[28] 冯剑锋，陈卫民，晋利珍. 中国人口老龄化对劳动生产率的影响分析：基于非线性方法的实证研究 [J]. 人口学刊，2019（02）.

[29] 冯剑锋，陈卫民. 中国人口老龄化影响经济增长的作用机制分析：基于中介效应视角的探讨 [J]. 人口学刊，2017（4）.

[30] 傅晓霞，吴利学. 技术效率、资本深化与地区差异：基于随机前沿模型的中国地区收敛分析 [J]. 经济研究，2006（10）.

[31] 辜胜阻，吴华君，曹冬梅. 构建科学合理养老服务体系的战略思考与建议 [J]. 人口研究，2017（01）.

[32] 郭庆旺，贾俊雪. 中国全要素生产率的估算：1979—2004 [J]. 经济研究，2005（6）.

[33] 郭瑞东，赵令锐. 人口老龄化对技术进步的影响 [J]. 河北大学学报（哲学社会科学版），2017（3）.

[34] 郭文，秦建友，曹建海．中国资本存量测算问题分析［J］．上海经济研究，2018（12）．

[35] 胡鞍钢，刘生龙，马振国．人口老龄化、人口增长与经济增长：来自中国省际面板数据的实证证据［J］．人口研究，2012（3）．

[36] 胡伟略．关于人口老龄化与技术进步的关系问题［J］．数量经济技术经济研究，1991（11）．

[37] 纪雯雯，赖德胜．人力资本配置与中国创新绩效［J］．经济学动态，2018（11）．

[38] 康建英．我国人口年龄结构变化对综合要素生产率和技术进步的影响［J］．科技管理研究，2010（3）．

[39] 孔宪香．创新型人力资本分类研究［J］．科技管理研究，2009（7）．

[40] 赖德胜，纪雯雯．人力资本配置与创新［J］．经济学动态，2015（03）．

[41] 李宾，曾志雄．中国全要素生产率变动的再测算：1978—2007年［J］．数量经济技术经济研究，2009（3）．

[42] 李谷成．人力资本与中国区域农业全要素生产率增长——基于DEA视角的实证分析［J］．财经研究，2009（08）．

[43] 李建民．人力资本与经济持续增长［J］．南开经济研究，1999（4）．

[44] 李静，楠玉．人才为何流向公共部门：减速期经济稳增长困境及人力资本错配含义［J］．财贸经济，2019（02）．

[45] 李静，楠玉．人力资本匹配与技能偏向技术进步［J］．经济体制改革，2018（3）．

[46] 李平，等．中国生产率变化与经济增长源泉：1978—2010年

[J]. 数量经济技术经济研究, 2013 (1).

[47] 厉以宁. 人才培育和制度创新 [J]. 经济研究, 2017 (11).

[48] 梁建章, 黄文政. 出生人口雪崩, 要为孩子减税和补贴 [J]. 科学大观园, 2018 (4).

[49] 刘成坤, 赵昕东. 人口老龄化对产业结构升级的溢出效应研究: 基于空间动态杜宾模型 [J]. 数理统计与管理, 2019 (6).

[50] 刘穷志, 何奇. 人口老龄化、经济政策与财政政策 [J]. 经济学 (季刊), 2012 (1).

[51] 刘铁明, 袁建昌, 王秀文. 人力资本构成要素解读 [J]. 商业经济研究, 2007 (28).

[52] 刘文, 张琪. 人口老龄化对人力资本投资的倒U影响效应: 理论机制与中日韩比较研究 [J]. 中国人口·资源与环境, 2017 (11).

[53] 陆杰华. 新时代积极应对人口老龄化顶层设计的主要思路及其战略构想 [J]. 人口研究, 2018 (01).

[54] 马瀛通. 加速人口老龄化 促进社会经济发展 [J]. 中国人口科学, 1987 (2).

[55] 马颖, 何清, 李静. 行业间人力资本错配及其对产出的影响 [J]. 中国工业经济, 2018 (11).

[56] 彭代彦, 吴翔. 我国农业技术效率与全要素生产率研究——基于农村劳动力结构变化的视角 [J]. 经济学家, 2013 (9).

[57] 彭国华. 我国地区全要素生产率与人力资本构成 [J]. 中国工业经济, 2007 (2).

[58] 彭国华. 中国地区收入差距、全要素生产率及其收敛分析 [J]. 经济研究, 2005 (09).

[59] 齐红倩, 闫海春. 人口老龄化抑制中国经济增长了吗? [J].

经济评论，2018（6）.

[60] 齐明珠. 中国人口变动对经济增长影响的量化研究 [J]. 人口与经济，2013（06）.

[61] 邵文波，李坤望，王永进. 人力资本结构、技能匹配与比较优势 [J]. 经济评论，2015（01）.

[62] 宋健，于景元，李广元. 人口发展过程的预测 [J]. 中国科学，1980（9）.

[63] 宋宇. 科技资源配置过程中的难点和无效率现象探讨 [J]. 数量经济技术经济研究，1999（10）.

[64] 唐未兵，傅元海，王展祥. 技术创新、技术引进与经济增长方式转变 [J]. 经济研究，2014（07）.

[65] 田雪原. 人口老龄化与养老保险体制创新 [J]. 人口学刊，2014（1）.

[66] 田友春，卢盛荣，靳来群. 方法、数据与全要素生产率测算差异 [J]. 数量经济技术经济研究，2017（12）.

[67] 童玉芬. 人口老龄化过程中我国劳动力供给变化特点及面临的挑战 [J]. 人口研究，2014（2）.

[68] 汪伟. 人口老龄化、生育政策调整与中国经济增长 [J]. 经济学（季刊），2017（1）.

[69] 王桂新，干一慧. 中国的人口老龄化与区域经济增长 [J]. 中国人口科学，2017（3）.

[70] 王笳旭，王淑娟. 人口老龄化、技术创新与经济增长——基于要素禀赋结构转变的视角 [J]. 西安交通大学学报，2017（6）.

[71] 王金营，戈艳霞. 全面二孩政策实施下的中国人口发展态势 [J]. 人口研究，2016（6）.

[72] 王立军, 马文秀. 人口老龄化与中国劳动力供给变迁 [J]. 中国人口科学, 2012 (6).

[73] 王启超, 王兵, 彭睿. 人才配置与全要素生产率——兼论中国实体经济高质量增长 [J]. 财经研究, 2020 (1).

[74] 王瑞瑜, 王森. 老龄化、人工智能与产业结构调整 [J]. 财经科学, 2020 (1).

[75] 王胜今, 舒莉. 积极应对我国人口老龄化的战略思考 [J]. 吉林大学社会科学学报, 2018 (6).

[76] 王恕立, 刘军. 中国服务企业生产率异质性与资源再配置效应: 与制造业企业相同吗? [J]. 数量经济技术经济研究, 2014 (05).

[77] 王小鲁, 樊纲, 刘鹏. 中国经济增长方式转换和增长可持续性 [J]. 经济研究, 2009 (1).

[78] 王云多. 人口老龄化对劳动供给: 人力资本与产出影响预测 [J]. 人口与经济, 2014 (3).

[79] 魏下海, 张建武. 人力资本对全要素生产率增长的门槛效应研究 [J]. 中国人口科学, 2010 (5).

[80] 乌仁格日乐. 人口老龄化对经济增长的积极效应: 基于人力资本投资视角 [J]. 山东社会科学, 2017 (4).

[81] 吴国培, 王伟斌. 我国全要素生产率对经济增长贡献的分析研究 [J]. 统计研究, 2014 (12).

[82] 吴俊培, 赵斌. 人口老龄化、公共人力资本投资与经济增长 [J]. 经济理论与经济管理, 2015 (10).

[83] 吴连霞, 赵媛, 吴开亚. 中国人口老龄化区域差异及驱动机制研究 [J]. 地理科学, 2018 (6).

[84] 武鹏. 改革开放以来中国经济增长的动力转换过程 [J]. 政

治经济学研究，2013（00）.

［85］徐鸣.论人力资本的要素结构及其特性［J］.江西财经大学学报，2010（6）.

［86］徐淑丹.中国城市的资本存量估算和技术进步率：1992—2014年［J］.管理世界，2017（1）.

［87］许永洪，孙梁，孙传旺.中国全要素生产率重估——ACF模型中弹性估计改进和实证［J］.统计研究，2019（6）.

［88］杨杰，罗云.中国人口老龄化、技术创新与经济增长的动态影响分析［J］.科技与经济，2015（3）.

［89］杨李唯君，冯秋石，王正联等.延迟退休年龄对中国人力资本的影响［J］.人口研究，2019（1）.

［90］姚东旻，李三希，林思思.老龄化会影响科技创新吗——基于年龄结构与创新能力的文献分析［J］.管理评论，2015（8）.

［91］叶儒霏，陈欣然，余新炳，等.影响我国科技资源配置效率的原因及对策分析［J］.研究与发展管理，2004（5）.

［92］叶祥松，刘敬.异质性研发、政府支持与中国科技创新困境［J］.经济研究，2018（09）.

［93］叶裕民，全国及各省区市全要素生产率的计算和分析［J］.经济学家，2002（3）.

［94］游达明，邱雅婷，姜珂.我国区域科技创新资源配置效率的实证研究：基于产出导向的SBM模型和Malmquist生产率指数［J］.软科学，2017（8）.

［95］于潇，孙猛.中国人口老龄化对消费的影响研究［J］.吉林大学社会科学学报，2012（1）.

［96］余泳泽，李启航.城市房价与全要素生产率："挤出效应"

与"筛选效应"[J]. 财贸经济, 2019 (1).

[97] 余泳泽. 中国省际全要素生产率动态空间收敛性研究 [J]. 世界经济, 2015 (10).

[98] 袁志刚, 解栋栋. 中国劳动力错配对 TFP 的影响分析 [J]. 经济研究, 2011 (07).

[99] 岳书敬, 刘朝明. 人力资本与区域全要素生产率分析 [J]. 经济研究, 2006 (4).

[100] 曾五一, 任涛. 关于资本存量核算的若干基本问题研究 [J]. 统计研究, 2016 (9).

[101] 翟振武, 陈佳鞠, 李龙. 2015—2100 年中国人口与老龄化变动趋势 [J]. 人口研究, 2017 (4).

[102] 翟振武, 张现苓, 靳永爱. 立即全面放开二胎政策的人口学后果分析 [J]. 人口研究, 2014 (2).

[103] 张杰, 高德步, 夏胤磊. 专利能否促进中国经济增长: 基于中国专利资助政策视角的一个解释 [J]. 中国工业经济, 2016 (01).

[104] 张军, 施少华. 中国经济全要素生产率变动: 1952—1998 [J]. 世界经济文汇, 2003 (2).

[105] 张晓蓓, 李子豪. 人力资本差异加剧了区域经济失衡吗 [J]. 经济学家, 2014 (04).

[106] 张宇. FDI 与中国全要素生产率的变动: 基于 DEA 协整分析的实验检验 [J]. 世界经济研究, 2007 (5).

[107] 张钟文. 资源错配对全要素生产率的影响: 基于总产出的核算框架 [J]. 统计研究, 2015 (12).

[108] 赵健宇, 陆正飞. 养老保险缴费比例会影响企业生产效率吗? [J]. 经济研究, 2018 (10).

［109］周德禄. 基于人口指标的群体人力资本核算理论与实证［J］. 中国人口科学, 2005（03）.

［110］周浩, 刘平. 中国人口老龄化对劳动力供给和劳动生产率的影响研究［J］. 理论学刊, 2016（03）.

［111］朱平芳, 徐大丰. 中国城市人力资本的估算［J］. 经济研究, 2007（09）.

［112］朱勤, 魏涛远. 老龄化背景下中国劳动供给变动及其经济影响：基于CGE模型的分析［J］. 人口研究, 2017（4）.

［113］朱勤, 魏涛远. 中国人口老龄化与城镇化对未来居民消费的影响分析［J］. 人口研究, 2016（6）.

二、英文文献

［1］ACEMOGLU D, RESTREPO P. Secular Stagnation？The Effect of Aging on Economic Growth in the Age of Automation［J］. American Economic Review：Papers & Proceedings, 2017, 107（5）.

［2］AGHION P, HOWITT P. A Model of Growth through Creative Destruction［J］. Econometrica, 1992（2）.

［3］AJAY K. AGRAWALA, et al. Exploring the Impact of Artificial Intelligence：Prediction versus Judgment［J］. NBER Working Paper, 2018.

［4］ANSAH J P, EBERLEIN R L, LOVE S R, et al. Implications of Long-term Care Capacity Response Policies for an Aging Population：A Simulation Analysis［J］. Health Policy, 2014（1）.

［5］ASHWORTH M J. Preserving Knowledge Legacies：Workforce Aging, Turnover and Human Resource Issues in the US Electric Power Industry［J］. The International Journal of Human Resource Management, 2006（9）.

［6］ASPLUND R. The Provision and Effects of Company Training: A Brief Review of the Literature［J］. The Nordic Journal of Political Economy, 2005（2）.

［7］BECKER G S, CHISWICK B R. Education and the Distribution of Earnings［J］. American Economic Review, 1966（1）.

［8］BECKER G S, MURPHY, K M, TAMURA R. Human Capital Fertility and Economic Growth［J］. Journal of Political Economy, 1990（1）.

［9］BEHAGHEL L, GREENAN N. Training and Age Biased Technical Change［J］. Annals of Economics and Statistics, 2010（99）.

［10］BELLA D, MCVICAR D. Disability, Welfare and Labor Force Participation of Older Workers in European［J］. Journal of the Academy of Social Sciences, 2010（3）.

［11］BEN S. Export and FDI Premia among Services Firms in the Developing World［J］. Applied Economics Letters, 2014（3）.

［12］BOMBARDINI M G, GIOVANNI G. Skill Dispersion and Trade Flows［J］. The American Economist, 2012（5）.

［13］BOSK M, GRZEGORZEWSKI B, KOWALCZYK A, LUBINSKI I. Degradation of Postural Control System as a Consequence of Parkinson's Disease and Ageing［J］. Neuroscience Letters, 2005（3）.

［14］BUHAN M, SINGH A K, JAIN S K. Patents as Proxy for Measuring Innovations: A Case of Changing Patent Filing Behavior in Indian Public Funded Research Organizations［J］. Technological Forecasting and Social Change, 2017（15）.

［15］CARNEIRO P M, HECKMAN J J. Human Capital Policy［J］.

IZA Discussion paper series, 2003.

[16] CEPAR Z, TRONA M. Impact of Population Ageing on Education Level and Average Monthly Salary: the Case of Slovenia [J]. Managing Global Transitions International Research Journal, 2015 (3).

[17] CIPRIANO G P, MAORIS M. A Model with Selffulfilling Prophecies of Longevity [J]. Economics Letters, 2006 (1).

[18] COHEN W M, NELSON R R, WALSH J P. Protecting Their Intellectual Assets: Appropriability Conditions and Why U. S. Manufacturing Firms Patent (or not) [R]. NBER Working Paper: No. W7552, Cambridge: NBER, 2000.

[19] CZAJA S J, LEE C. The Impact of Aging on Access to Technology [J]. Universal Access in the Information Society, 2007 (4).

[20] DEKLE R, VANDENBROUCKE G. A Quantitative Analysis of China's Structural Transformation [J]. Journal of Economic Dynamics and Control, 2012 (1).

[21] DERMIS H, KHAN M. Triadic Patent Families Methodology [R]. OECD Science Technology and Industry, Working Papers, 2004.

[22] DE Z B, FRINGE D M, VAN D F. Physical Workload and the Ageing Worker: A Review of the Literature [J]. International Archives of Occupational and Environmental Health, 1995 (1): 1–12.

[23] EHRLICH K J. Social Security and Demographic Trends: Theory and Evidence from the International Experience [J]. Review of Economic Dynamics, 2007 (1).

[24] FELIPE J. Total Factor Productivity Growth in East Asia: A Critical Survey [J]. Journal of Development studies, 1999 (4).

[25] FOUGÉRE M, MÉRETIE M. Population Ageing and Economic Growth in Seven OECD Countries [J]. Economic Modelling, 1999 (3).

[26] FRAY C B, OSBORNE M A. The Future of Employment: How Susceptible are Jobs to Computerisation? [J]. Technological Forecasting and Social Change, 2013 (1).

[27] FROSCB K, TIVIG T. Age, Human Capital and the Geography of Innovation in Kuhn M. and Ochsen C. (eds) [J]. Labour Markets and Demographic Change. VS Verlag für Sozialwissenschaften, 2009.

[28] GIBBONS R, MURPHY K J. Optimal Incentive Contracts in the Presence of Career Concerns: Theory and Evidence [J]. The Journal of political Economy, 1992 (3).

[29] GONZALEZ E M, NIEPELT D. Aging, Government Budgets, Retirement and Growth [J]. European Economic Review, 2012 (1).

[30] GRADSTEIN M, KAGANOVICH M. Aging Population and Education Finance [J]. Journal of Public Economics, 2003 (12).

[31] GRILICHES Z, NORDHAUS W D, SCHERER F M. Patents: Recent Trends and Puzzles [J]. Brookings Papers on Economic Activity, Microeconomics, 1989 (2).

[32] GRILICHES Z. Patent Statistics as Economic Indicators: A Survey [J]. Journal of Economic Literature, 1990 (4).

[33] HAMERMESH D S. Aging and Productivity, Rationality and Matching: Evidence from Economists [R]. NBER Working Papers, No. 4906, 1994.

[34] HARHOFF D, SCHERER F M, VOPEL K. Exploring the Tail of Patented Invention Value Distributions [C] //GRANSTRAND O. Economics,

Law and Intellectual Property. Boston: Springer, 2003.

[35] HARRIS A R, EVANS W N, SCHWAB R M. Education Spending in an Aging America [J]. Journal of Public Economics, 2001 (1).

[36] HAUSER C, SILLER M, SCHATZER T, et al. Measuring Regional Innovation: A Critical Inspection of the Ability of Single Indicators to Shape Technological Change [J]. Technological Forecasting and Social Change, 2018 (11).

[37] HOEDEMAKERS L. The Changing Nature of Employment: How Technological Progress and Robotics Shape the Future of Work [D]. Lund University Master Thesis, 2017.

[38] HSIEH C T, HURST E, JONES C I, et al. The Allocation of Talent and U. S. Economic Growth [J]. Econometrica, 2019 (3).

[39] HSIEH C T, KLENOW P J. Misallocation and Manufactoring TFP in China and India [J]. The Quarterly Journal of Economics, 2009 (4).

[40] HUANG K, CHENG T. Determinants of Firms' Patenting Or Not Patenting Behaviors [J]. Journal of Engineering and Technology Management, 2015 (4).

[41] ILMAKUNNAS P, MALIRANTA M, VAINIOMAKI J. The Roles of Employer and Employee Characteristics for Plant Productivity [J]. Journal of Productivity Analysis, 2004 (3).

[42] IZMIRLIOGLU Y. The Impact of Population Ageing on Technological Progress and TFP Growth, with Application to United States: 1950—2050 [N]. MPRA Paper, 2008.

[43] JONES B F. Age and Great Invention [J]. The Review of Economics and Statistics, 2010 (1).

[44] JONES C I, WILLIAMS J C. Measuring the Social Return to R&D [J]. Finance&Economics Discussion, 1998 (4).

[45] JORGENSON D, GRILICHES Z. The Explanation of Productivity Change [J]. Review of Economic Studies, 1967 (3).

[46] KANTER R, ACKERMAN P. Individual Differences in Work Motivation: Further Exploration of a Trait Framework [J]. Applied Psychology, 2000 (3).

[47] KLETTE T, FORRE S E. Innovation and Job Creation in a Small Open Economy: Evidence from Norwegian Manufacturing Plants 1982—1992 [J]. Economics of Innovation and New Technology, 1998 (5).

[48] KUHN M, HEIZE P. Team Composition and Knowledge Transfer within an Ageing Workforce [R]. Rostock Center Discussion Paper, 2007.

[49] KUNZ L. Life Expectancy and Economic Growth [J]. Journal of Microeconomics, 2014 (39).

[50] LADD H F, MURRAY S E. Intergenerational Conflict Reconsidered: County Demographic Structure and The Demand For Public Education [J]. Economics of Education Review, 2001 (4).

[51] LANCIA F, PRAROLO G. Life Expectancy, Human Capital Accumulation, Technological Adoption and the Process of Economic Growth in Kuhn M. and Ochsen C. (eds) [J]. Labour Markets and Demographic Change. VS Verlag für Sozialwissenschaften, 2009.

[52] LEE R, MASON A. Fertility, Human Capital and Economic Growth over the Demographic Transition [J]. European Journal of Population, 2010 (2).

[53] LEVIN S G, STEPHAN P E. Research Productivity over the Life

Cycle: Evidence for Academic Scientists [J]. The American Economic Review, 1991 (1).

[54] LLOYD SHERLOCK P. Population Ageing in Developed and Developing Regions: Implications for Health Policy [J]. Social Science & Medicine, 2000 (6).

[55] LUCAS R E. On the Mechanics of Economic Development [J]. Journal of Monetary Economics, 1989 (122).

[56] MALMBERG B, LINDY T, HALVARSSON M. Productivity Consequences of Workforce Aging: Stagnation or Horndal Effect? [J]. Population and Development Review, 2008 (34).

[57] MARQUIÉ J C, JORDAN B L, HUET N. Do Older Adults Underestimate Their Actual Computer Knowledge?[J]. Behavior and Information Technology, 2002 (4).

[58] MASON A, LEE R, JIANG J X. Demographic Dividends, Human Capital and Saving [J]. Journal of the Economics of Ageing, 2016 (4).

[59] MAZZEO R S, TANAKA H. Exercise Prescription for the Elderly: Current Recommendations [J]. Sports medicine, 2000 (11).

[60] MEYER J. Older Worker and the Adoption of New Technologies in ICT- intensive Services in Kuhn M. and Ochsen C. (eds) [J]. Labour Markets and Demographic Change. VS Verlag für Sozialwissenschaften, 2009.

[61] MICHAEL H. Population Aging and Economic Development: Anxieties and Policy Responses [J]. Population Ageing, 2012 (1).

[62] MILLER C. Demographics and Spending for Public Education: a Test of Interest Group Influence [J]. Economics of Education Review, 1996 (2).

[63] MYERSON J, HALE S, WAGSTAFFE D, et al. The Information Loss Model: A Mathematical Theory of Age- Related Cognitive Slowing [J]. Phychological Review, 1990 (4).

[64] NAGAIKA S, MOTOHASHI K, GOTO A. Chapter 25 – Patent Statistics as an Innovation Indicator [C] //HALL B H, ROSENBERG N. Handbook of the Economics of Innovation. Amsterdam: North – Holland Publishing, 2010.

[65] NELSON R, Phelps E S. Investment in Humans, Technological Diffusion and Economic Growth [J]. American Economic Review, 1966 (56).

[66] NODA H. Population Aging and Creative Destruction [J]. Journal of Economic Research, 2011 (16).

[67] OECD. Patent Statistics Manual [M]. Paris: OECD Publishing, 2009.

[68] OSANG T, SARKAR J. Endogenous Mortality, Human Capital and Economic Growth [J]. Journal of Macroeconomics, 2008 (4).

[69] PACI R, USAI S. Knowledge Flows across European Regions [J]. Annals of Regional Science, 2009 (3).

[70] PECCHENINO R A, POLLARD P S. Dependent Children and Aged Parents: Funding Education and Social Security in an Aging Economy [J]. Journal of Macroeconomics, 2002 (2).

[71] PERKINS D H. Forecasting China's Economic Growth to 2025 [M] //The Economic Transformation of China. Cambridge and New York: Cambridge University Press, 2008.

[72] POTERBA J M. Demographic Structure and the Political Economy

of Public Education [J]. Journal of Policy Analysis & Management, 1997 (1).

[73] PRSKAWETZ A, MAHLBERG B, SKIRBEKK V. et al. The Impact of Population Aging on Innovation and Productivity Growth in Europe [R]. Osterreichische Akademie der Wissenschaften, Institut für Demographic, Research Report: No. 28, 2006.

[74] RAINER K, PETER M, ALLO W. Factor Substitution and Factor-Augmenting Technical Progress in the United States: A Normalized Supply-Side System Approach [J]. The Review of Economics and Statistics, 2007 (1).

[75] RICHARD W J. The Impact of Human Capital Investments on Pension Benefits [J]. Journal of Labor Economics, 1996 (3).

[76] ROBERT E, LUCAS J. On the Mechanics of Economic Development [J]. Journal of Monetary Economics, 1988 (22).

[77] ROBERT V, ALFRED K. The Impact of Labor Market Deregulation on Productivity: A Panel Data Analysis of 19 OECD Countries (1960—2004) [J]. Journal of Post Keynesian Economics, 2010 (2).

[78] ROMER P M. Endogenous Technological Change [J]. Journal of Political Economy, 1990 (5).

[79] ROUVINEN P. Characteristics of Product and Process Innovators: Some Evidence from the Finnish Innovation Survey [J]. Applied Economics Letters, 2002 (9).

[80] RUIYU Wang, Jinchuan Shi, Bing Ye. Can Robots Reshape Gender Role Attitudes? [J]. China Economic Review, 2022 (10).

[81] RYBASH J M, HOYER W, ROODIN P A. Adult Cognition and

Aging [M]. Pergamon Press, 1986.

[82] SALEM P. Age Changes in Subjective Work Ability [J]. International Journal of Ageing and Later Life, 2008 (2).

[83] SCHERER F M, HARHOFF D. Technology Policy for a World of Skew-Distributed Outcomes [J]. Research Policy, 2000 (4).

[84] SCHERER F M. The Innovation Lottery [C] //Dreyfuss, Zimmerman D. Expanding the Boundaries of Intellectual Property: Innovation Policy for the Knowledge Society. New York: Oxford University Press, 2001.

[85] SCHMOCH U. Indicators and the Relations between Science and Technology [J]. Scientometrics, 1997 (1).

[86] SCHMOOKLER J. Changes in Industry and in the State of Knowledge as Determinants of Industrial Invention [C]. Nelson R R. The Rate and Direction of Inventive Activity. Princeton: Princeton University Press, 1962.

[87] SCHNEIDER L. Altering und Technologisches Innovationspotential: Eine Linked Employer-Employee Analyse [J]. Zeitschrift für Bevolkerungswissenschaft, 2008 (1).

[88] SCHWARTZMAN A E, GOLD D, ANDRES D, et al. Stability of Intelligence: A 40 Year Follow-up [J]. Canadian Journal of Psychology, 1987 (2).

[89] SEBNEM A S. Model of Mortality, Fertility and Human Capital Investment [J]. Journal of Development Economic, 2003 (4).

[90] SHUHAI A. A Simple Accounting Framework for the Effect of Resource Misallocation on Aggregate Productivity [J]. Journal of the Japanese and International Economies, 2012 (4).

[91] SKIRBEKK V. Age and Individual Productivity: A Literature Sur-

vey [J]. Vienna Yearbook of Population Research, 2004 (2).

[92] VANDENBUSSCHE J, AGHION P, MEGHIR C. Growth, Distance to Frontier and Composition of Human Capital [J]. Journal of Economic Growth, 2006 (2).

[93] VAN Z A, MUYSKEN J. Health and Endogenous Growth [J]. Journal of Health Economics, 2001 (2).

[94] VERHAEGHEN P, SALTHOUSE T A. Meta-analyses of Age-cognition Relations in Adulthood: Estimates of Linear and Nonlinear Age Effects and Structural Models [J]. Psychological Bulletin, 1997 (3).

[95] WANG L, SZIRMAI A. Capital Inputs in the Chinese Economy: Estimates for the Total Economy, Industry and Manufactoring [J]. China Economic Review, 2012 (1).

[96] ZHANG JIE, ZHANG JENSEN, LEE R. Rising Longevity, Education, Savings and Growth [J]. Journal of Development Economics, 2003 (1).

[97] ZHANG J. Social Security and Endogenous Growth [J]. Journal of Public Economics, 1995 (2).